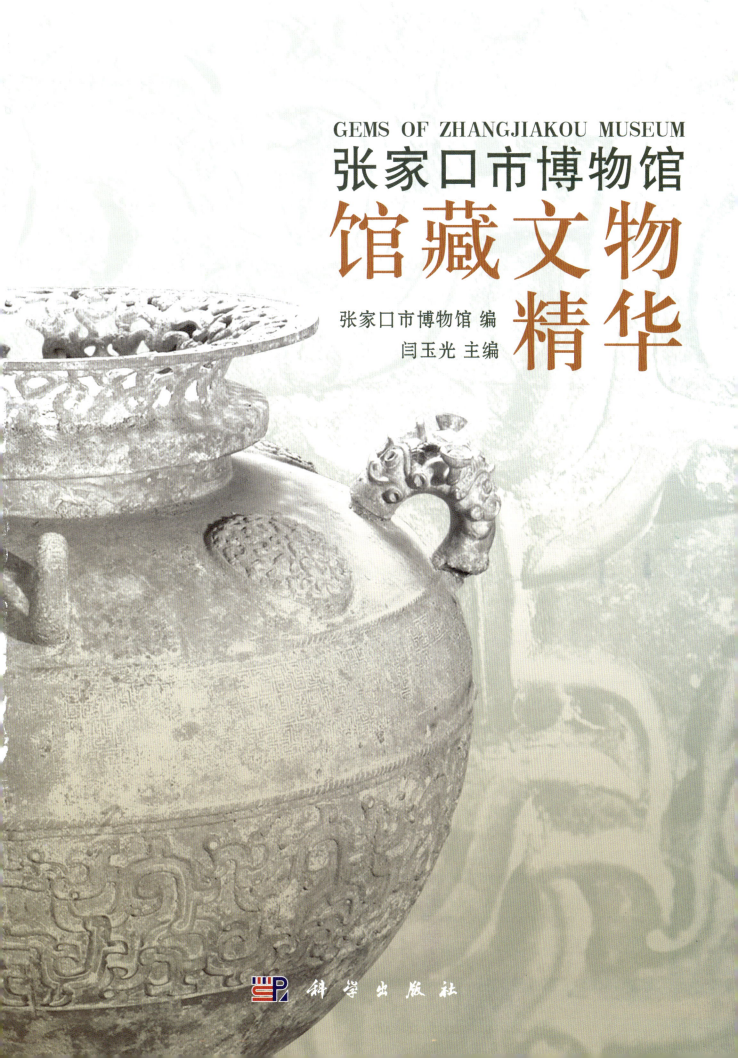

GEMS OF ZHANGJIAKOU MUSEUM

张家口市博物馆
馆藏文物
精华

张家口市博物馆 编

闫玉光 主编

科学出版社

图书在版编目（CIP）数据

张家口市博物馆馆藏文物精华/闫玉光主编；张家口市博物馆编. —北京：科学出版社，2011.2

ISBN 978-7-03-029980-2

Ⅰ.①闫… ②张… Ⅱ.①张… Ⅲ.①博物馆-历史文物-张家口市
Ⅳ.①K872.223

中国版本图书馆CIP数据核字（2011）第005636号

责任编辑：宋小军 杨明远/责任印制：赵德静
封面设计：谭 硕/制 版：辉煌前程

科学出版社出版
北京东黄城根北街16号
邮政编码：100717
http://www.sciencep.com

北京天时彩色印刷有限公司印刷
科学出版社发行 各地新华书店经销
＊
2011年2月第 一 版 开本：889×1194 1/16
2011年2月第一次印刷 印张：13
印数：1—2 800 字数：374 000

定价：228.00元
（如有印装质量问题，我社负责调换）

目 录

序　言

　　文物是历史文化的物质载体和实物见证，也是人类在历史发展过程中留下的宝贵财富。它代表着地域文化的特征，昭示人们对它予以记忆和传承。各类文物从不同的侧面反映了各个历史时期人类的社会活动、社会关系、意识形态以及利用自然、改造自然和当时生态环境的状况，是人类宝贵的历史文化遗产。

　　张家口历史悠久，文化灿烂，自古人杰地灵，历史文化积淀深厚，地上地下文物丰富，为河北省文物大市。张家口市委、市政府坚决贯彻落实科学发展观，坚持文化发展大繁荣，为张家口历史文化资源的展示与传承给予了全力的支持与关爱。多年来张家口文化、文物工作者辛勤工作，探寻、挖掘、征集收藏了一批精美的文物，为弘扬张家口悠久的历史文化，并对这些在人类社会发展中的各个历史时期有着代表意义以及地方特色的历史文物进行一次集中展示，市博物馆先后用了一年的时间在器物遴选、拍摄、图片编排、文稿体例、器物文字描述等方面均做了大量工作，由此形成了《张家口市博物馆馆藏文物精华》一书。该书集中反映了张家口深厚的文化底蕴；也集中反映了博物馆从事文物保护、研究工作的同志们辛勤劳作的结果。

　　《张家口市博物馆馆藏文物精华》从馆藏的青铜器、金器、瓷器、玉器中精选出各个历史时期的珍贵文物180余件（套），真实全面地展现了张家口历史文化发展历程，让读者了解到祖祖辈辈留下的真实而生动的印迹。通过展示这些具有北方民族特色且又反映历史时代特征的珍贵文物，为我们打开了一个窗口，让人们从文物藏品这个角度更好、更深刻地了解和认识张家口，对于弘扬中华文明、扩大张家口的知名度以及促进张家口的政治、经济文化和社会发展将起到积极的作用。

张家口市文广新局局长　姜玉辉

概述

　　张家口位于河北省西北部，地处京、冀、晋、内蒙古4省省区交界处，距北京约200公里，交通十分便利。张家口自古就是北方汉、蒙民族和国内外贸易的商业都会，也是沟通中原与北疆，连接中西部资源产区与东部经济联系的重要纽带。

　　张家口历史悠久、文物古迹荟萃，人类文明的印迹随处可见。桑干河流域泥河湾盆地到处都有远古人类活动的文化遗存，著名的泥河湾遗址群就位于张家口市阳原县桑干河畔。多年来，泥河湾吸引着国内外科学家前来研究发掘，特别是20世纪70年代以来，已有20多个国家和地区的500多名专家、学者踏上这块古老的土地。经过中外专家的发掘和研究，发现了含有早期人类文化遗存的遗址80多处，出土了数万件动物化石和各种石器，这些宝贵的文化遗产记录了从旧石器时代至新石器时代发展的演变过程。

　　在新石器时期，张家口是中华文明起源的主要诞生地之一。张家口坝上、坝下地区遍布着具有北方草原细石器文化特征的遗存，有仰韶文化、龙山文化和红山文化三种典型的文化遗存。在宣化县水泉、龙门堡，庞家堡镇二道沟，蔚县三关、四十里坡，阳原县姜家梁，涿鹿故城，怀来县三营遗址中出土了大量泥质红陶片、彩陶片、灰陶和夹砂灰陶片，纹饰有绳纹、素面，其精湛的技术反映了当时制造业的繁荣。在坝上沽源、尚义、张北还遍布着许多具有北方草原文化特征的文化遗存。它们共同为我们勾画出一幅远古先民生活的图景，从而证明了张家口是中原华夏文化与北方草原戎、狄文化的结合部。

　　夏商周时期，张家口一带由于华夏部族南迁，除桑干河、洋河流域小村落外，其他地方人烟稀少。商朝后期，张家口一带成为戎、狄族活动的地区。其中以牧猎为主的戎族，在蔚县一带建立了奴隶制政权，并在战国七雄称王之前，就自称代国。古代国是在张家口建立的第一个奴隶制国家。

　　春秋战国时期，燕国疆域延伸至该区东部，与山戎、东胡部族发生联系，此时文化遗存在张家口分布极为广泛，不同程度地反映出燕文化和北方游牧部族文化的共存现象。在宣化小白阳墓群、庞家堡白庙遗址和怀来甘子堡等几处春秋至战国早期墓葬的殉葬品中，出土器物均是手制陶器和生活用品，器形主要为罐、钵、壶、青铜短剑、金虎牌饰、金项饰、马蛙形动物牌等。这些葬俗和随葬器物的特征具有浓厚的北方游牧民族的文化特点。

　　辽元时期，张家口经济迅速发展，这时期的古墓葬、古遗址在张家口也有了重大发现，其中最有研究价值的为宣化下八里辽代壁画墓群、张北元中都遗址。

宣化辽墓是辽代天庆六年（1116）张世卿家族壁画墓群之一。这是一座双室仿木结构砖券墓，墓室全长6.8米，宽3.1米。墓门为圆形拱状，门额上用砖砌一斗三开斗拱三朵，全部建筑构件均以墨线勾勒轮廓。后墓室出土木棺一具，棺的四角由卧式狮座承托，内葬木雕人像一件，死者火化后骨灰即放在木雕人像的躯壳内。墓中极其珍贵的墓室四壁和顶部彩色壁画总面积达360平方米，画中表现各种人物总计76个，壁画内容包括星象图、墓主出行图、散乐图、茶道图、对弈图等，内容极为丰富，绘画技艺精湛，堪称一处民间艺术画廊。墓中出土的随葬品和精美的壁画极其珍贵，宣化辽代墓的发掘在全国文物、文化界引起轰动。《人民日报》、《光明日报》、《中国文物报》曾以大篇幅、头版头条发表文物发掘消息，并被国家文物局评为1993年全国十大考古新发现之一。

元中都遗址在张北县城北17公里处，是辽金元时代北建漠北、西通西域、南接中原的交通枢纽和军事重地。元大德十一年（1307）元武宗海山建，至元十八年（1358）被红巾军焚毁。该遗址坐北朝南，由廓城、皇城、宫城"回"字形相套。宫城南北670米，东西550米，与上都宫城同大，中间是大殿遗迹，四墙各有一门。近几年对元中都遗址的考古发掘，出土了大批珍贵的石、陶、砖雕塑建筑构件及铜、铁、骨器。中心大殿还出土了台沿螭首50多个，特别是较完整的汉白玉角部螭首，雕工极尽绝技，堪称元代雕刻极品。该遗址被评为1999年度"全国十大考古新发现"，2001年被国务院公布为全国重点文物保护单位。

1368年，朱元璋建立明朝，逐元顺帝于漠北。元朝崩溃后的蒙古各部瓦剌兀良哈、鞑靼经常骚扰北部边疆，处于京师北部的张家口成为北部军事重地。张家口尚存的燕长城、赵长城、秦长城、北魏长城、北齐长城、唐长城、金长城、明长城，如今依然是雄风万里，坚不可摧。

张家口市标志性建筑大境门，就是万里长城四大关隘之一，最早为明代长城的一个关隘。明洪武元年，大将军徐达督兵修补边墙，设此关口。明成化二十一年（1485）在此筑城墙，下宽6米，上宽5.4米，墙顶外设垛口内砌女墙。大境门作为扼首京都的北门，成为连接边塞与内地的交通要道，也是汉蒙民族商贸货物集散地。

清朝满族入关之后，由于封建政治秩序的相对稳定，蒙古各部与内地联系日趋加强，张家口成为蒙汉贸易的中心集散地，也成为清代兴起的张库商道起点。著名的张库大道从张家口出发，通往蒙古草原腹地城市乌兰巴托，曾被称为北方丝绸之路的古商道，也是沟通欧亚的陆路桥梁，张库大道的兴盛，促进了张家口城市的形成，同时也促进了张家口金融业的发展。从清朝起，张家口就有了晋商开设的货币汇兑机构"票号"，后来又建立了为数众多的银行机构。张库商道旺盛时，最高年贸易额达1亿5千万两白银。按现市场价折算（16两为1市斤），大约有60多亿元人民币。当时每年从内蒙古和蒙古国经张家口输入内地的马、牛、羊、骆驼达几十万头，而仅茶叶输出就需要几万头骆驼和7万辆大车运输，贸易之盛，可见一斑。

经济发展的同时，政治、军事也在不断壮大。在长城脚下、滔滔清水河畔，有一处雄伟壮丽的古建筑群，它就是闻名遐迩的察哈尔都统署旧址。察哈尔都统署旧址今坐落于张家口市桥西区明德北街54号，始建于清朝乾隆年间，2006年公布为全国重点文物保护单位。

为了加强对内蒙古察哈尔八旗四牧群的管理，乾隆二十六年（1761）十一月，清廷始设察哈尔都统署。察哈尔都统由皇帝特简（选拔），为独当一面封疆大臣，是当时在全国仅设的三处都统之一。察哈尔都统署旧址整个建筑体现了封建官僚衙门的威严，又具有精湛的建筑艺术。整体建筑坐北朝南，南北长133米，东西宽50米，占地面积6650米，现存四进院落，布局完好。其主要建筑风格是中轴贯通，左右对称，大门、二门、正厅中门、后厅中门四个层次构成一条垂直的中轴线。该建筑为悬山顶青灰脊瓦，屋脊两端有兽吻装饰，四根红漆大柱一字排开，大门两侧原有四根六丈高的木制旗杆。二门为卷棚悬山顶，建筑风格独特。察哈尔都统署旧址在河北省同类建筑中是目前保存较为完整的一处官衙建筑，至今已有240余年的历史。

张家口市博物馆属综合性地市博物馆，是国家命名的二级博物馆，也是一处爱国主义教育基地。自1958年建馆以来，经过50多年的发展，目前，馆舍建筑面积达6500平方米，展厅面积3000平方米，文物库房1000平方米。

建馆以来我们遵循"保护为主、抢救第一、合理利用、加强管理"的文物工作方针，通过考古发掘、征集、收购、捐献和馆际交流等多种方式不断充实馆藏文物的数量，形成了上至远古时代，下迄民国时期较为完整的藏品系列，藏品类别有：青铜器、金银器、铁器、陶器、瓷器、玉器、石器、字画、货币、碑帖、丝织、铠甲、漆、木器、象牙和近现代文物。另外还收藏着具有一定历史研究价值的明代官刻版本南、北大藏经。

文物藏品主要反映以东胡、山戎、匈奴、契丹、女真北方游牧民族文化的器物为主。最有代表性的是：怀来甘子堡墓葬出土的春秋战国时期刻铭夔纹双附耳铜盘、乳钉三角雷纹双环耳铜簋、凤鸟纹提梁壶、环系蟠虺凤鸟纹罍；宣化县小白阳春秋战国墓葬出土出的春秋橄榄形首扁茎角格铜剑、镂空双虎首龙纹扁茎角格剑、镂空兽首扁茎蝶翼格剑、连体螭环首菱纹扁茎角形格剑等器物。张家口市博物馆还收藏有全国仅存甚少的宋代东窑青釉刻花牡丹纹执壶、北方游牧民族特色的辽代绿釉团龙马蹬壶、磁州窑白釉黑彩牡丹纹梅瓶、耀州窑青釉刻花缠枝菊纹碗、黄釉青花双象耳瓶等，均属国宝级珍贵文物。

近几年张家口市博物馆先后曾举办的展览有"张家口古代史陈列"、"张家口出土文物陈列"；专题陈列有"历代货币展"、"清代宫廷文物珍品展"、"清代帝后文物展览"、"张家口文物征集成果展"。

2009年，张家口市博物馆向广大观众推出的展览有"张家口历史文物基本陈列"、"察哈尔抗日同盟军专题陈列"、"革命风云专题陈列"，上述展览具有鲜明的陈展效果、精美的陈列形式，声、光、电系统相得益彰，以及复原了许多大型景观，吸引了大批前来参观的游客。

以上所述，总结了张家口的历史文化以及古遗址、古墓葬，叙述了张家口市博物馆发展过程，其目的是将张家口历史文化发扬光大，让更多的人加入到保护文化遗产的队伍中来，继承优秀的文化传统，为张家口的经济繁荣、文化发展、社会进步贡献绵薄之力。

闫玉光

二〇一〇年五月

SUMMARY

   Zhangjiakou located in the northwest of Hebei Province, the crossing of Beijing, Hebei, Shanxi and Inner Mongolia. It's about 200km away from Beijing, and the transportation is very convenient. From ancient times, it is the business capital of the Han and Mongolian Nationalities and foreign people, moreover not only the lifeline between the Central Plains and the Northern Border, but also the lifeline of the resource between the central and west areas and the western area.

   Zhangjiakou has a long history, and has many historical relics. Ancient cultural relics distributes all over Nihewan river basin, and the famous Nihewan Site just locates in the Sangan village, Yangyuan, Zhangjiakou. It have attracted countless researchers all of the world for many years, especially since 20th century 70 years, more than 500 experts from over 20 countries and regions reached here, and carried on the excavation and research on this area. At last, they found more than 80 early culture sites, and thousands of animal fossils and stone tools were found among them, these precious culture heritage showed the development evolution from the Paleolithic age to the Neolithic age.

   In the Neolithic age, Zhangjiakou was also the main origin area of the Chinese civilization. Yangshao Culture, Longshan Culture and Hongshan Culture distributed along the Dam. Among the sites of Shuiquan in Xuanhua,Longmenpu, Erdaogou in Pangjiapu, Sanguan in Weixian, Sishilipo, Jiangjialiang in Yuanyuan, Gucheng in Zhuolu,Sanying in Huailai, Plenty of red, color and gray clay pottery pieces ,and sandy gray pottery pieces were excavated here, and Potteries decorated with cord mark or plain. The exquisite technic reflected the prosperity of the manufacture. Many cultural remains with northern grassland culture factors distributed throughout the Guyuan,Shangyi and Zhangbei .They showed us an outline picture of the ancient lives, which proved that Zhangjiakou was the important lifeline between the Huaxia culture and the northern Rong and Di culture.

   During the Xia, Shang and Zhou Dynasties, because of the Chinese southward migrations, Zhangjiakou was a thinly settled area except Sanggan village and Yang Village. During the late Shang Dynasty, Rong and Di people lied here. The

Rong nationality, lived by hunting, had established a slavery regime in Weixian and named itself Dai before the Seven Powerful States were the Kings. The ancient Dai was the first slavery state in Zhangjiakou.

During the Spring and Autumn Period and the Warring States Period, The range of Yan State extended to the east of Zhangjiakou, and Yan State affiliated with Shangrong and Donghu. The cultural remains were distributed all over Zhangjiakou, and sometimes we can find the Yan culture coexisted with the northern nomadic culture in the same site. In the early tombs from the Spring and Autumn Period to the Warring States Period of Xiaobaiyang tombs in Xuanhua, Baimiao Site in Pangjiapu and Ganlaipu in Huailai, the pottery were made of hand and were used in the daily times. The excavated objects were including Jars, bowls, pots, bronze draggers, golden plaques; golden pendants, animal-shaped plaques and so on. The funeral and burial articles have a strong characteristic of northern nomads.

During the Liao and Yuan Dynasties, the economic of Zhangjiakou developed rapidly, Many ancient tombs and sites were found here. The famous were mural tombs of Liao Dyansty in Xiabali, Xuanhua and the Site of Yuan Dynasty Middle Capital in Zhangbei.

Liao Tomb of Xuanhua was one of the Mural tombs of Zhangshiqing Family. it was a brick tomb imitated of wood structure with double chambers and vaulted ceiling, and it was 6.8 meters long and 3.1 meters wide. The door was arched with bracket system. There was one coffin in the back chamber, and recumbent lions were under the foursquare of the coffin. Inside the coffin, there was one woodcarving, and that the bone ashes of the dead were just placed inside it. The total area of precious Murals was 360 square meters. The Paintings show a total of 76 different characters, including Star Map, Procession Scene, Theatre Show, Tea Ceremony and Play Chess. Because of the abundance pictures and exquisite skill, it can be named a folk art gallery. The funerary articles and the mural were extremely valuable, so it was produce a sensation."the People's Daily", " Guangming Daily", "The Chinese cultural Relics Newspaper"had reported the news and it was one of the Ten New Archeological Discoveries of 1993.

Site of the Yuan Dynasty Middle Capital was 17 Kilometre away from the north of Zhangbei, and was a hub of communications and an important military place to the Xiyu and central plains during the Liao and Jin Dyansties and Yuan Dynasty. It was built in 1307 (11th year of the reign of Wuzong)and was destroyed by Hongjinjun in 1358. The site faced south, was made of the outer city, the imperial city and the palace city. The palace city was 670 meters long from south to north, and 550 meters wide from east to west. The scale was the same with the palace city of the Yuan Dynasty Upper Capital Site. The largest palace was in the middle, and there was one door on each wall. In recent years, many precious stone and brick structure parts, bronze ware, iron ware and bone ware were excavated in the Yuan Dynasty Middle Capital Site. In the Middle palace there were more than 50 zoomorphic ornaments on palace roofs, and especially the Jade one of Han Dynasty may be rated as a good piece of carve. The site was one of the Ten New Archeological Discoveries of 1999, and it was the state-level major cultural relic preservation sites.

During the early period of the Ming Dynasty, In 1368, Zhuyuanzhang found the Song Dynasty and drove off Shundi to Mobei. After the collapse of Yuan Dynasty, Mongolian tribes including Wala, Tatar regularly harassed the northern areas, so Zhangjiakou became the important military place of the north areas. The world-famous Great Wall have been preserved as a defense project to now. The Great Walls of Yan, zhao, Qin Dynasty ,Beiwei Dynasty ,Beiqi Dynasty, Tang Dynasty , Jin Dynasty and Ming Dynasty were still in Zhangjiakou .

Dajingmen was the landmark building of Zhangjiakou, and also one of the pass of the Great Wall and the earliest pass of the Ming Dynasty wall. The frist year of Hongwu(Ming Dynasty), Xuda, the Great General built the pass. In 1485,The 21th year of Chenghua, the city walls were built here. The lower wall was 6 meters wide, the upper wall was 5.4 meters wide, outside the wall, there was battlements, and inside there was short wall. Dajingmen was the main drag between the frontier area and the central plains, and also the main place of the trade goods of the Han and Mongolian Nationalities

During the Qing Dynasty, the relation between the Mongolia Nationalities and the Han Nationality grew day by day, Zhangjiakou because more and more important. The famous Zhangku Route started off from Zhangjiakou to Wulanbatuo, it was one part of the Northern Silk Road. The Zhangku Route hastened the formation of Zhangjiakou city, and improved the development of finance industry of Zhangjiakou. From the Qing Dynasty, Zhangjiukou occured the money exchange institution of "Piaohao", followed it there was many banks built there. When the flourish period of the Zhangku Route, the Highest annual trade value reached almost 6 billion yuan(accounted by today market price). At that time, the quantity of horses, cattle, sheep and camels from Inner Mongolia and Outer Mongolia to the south through Zhangjiakou can be reached hundreds of thousands. And the transportation of tea needed tens of thousands of camels and 70,000 carts.

While working to expand the economy, the politics and military had expanded. Under the Great wall, there was the famous Site of Chahaer Captain's office. It located in the No.54 of the northern street of Minde, Qiaoxi, and it was built in the period of the region of Qianlong and became the state-level major cultural relic preservation sites in 2006.

For strengthened the management of Eight Banners of Chahaer, In November 1761, the Qing Dynasty has set up the Chahaer Captain's Office. The captain was selected by the emperor, and usually he was the minister of the border areas. The building of the Chahaer Captain's Office not only represented the majesty of the bureaucracy , but also showed us the exquisite architecture art. It faced south, 670 meters long from south to north, and 550 meters wide from east to west, it covered 6650 square meters. It was made of four yards, and the four doors lied in the same upright line. And four wood mast lied on the both sides of the first door. It was the most completely preserved among the same buildings in our province, and has a history of 240 years.

The Zhangjiakou Museum was all-around museum and the base of patriotic and moral education for the young people. From 1958 to today, the Museum has a scale of 6500 square meters, and the exhibition hall covered 3000 square meters, and the cultural relics storeroom covered 1000 square meters.

Since the museum has built, we acted as the guild line"Give priority to Protection, firstly rescued, rationally utilized and strengthened the administration". Through the archaeological excavation, collection, acquisition, donation and museum exchanges and other means to enrich the collections. We have the collections from the ancient times to the Mingguo period. The sorts of the collections include: bronze ware, gold and silver ware, iron ware, pottery, porcelain ware, jade ware, stone ware, calligraphy and painting, money, rubbings, silk, armor, Lacquerware, wood ware, ivory and modern heritage. We also have a collection of the great scriptures of Ming Dynasty.

The collections reflected mainly the characters of the northern nomads of Donghu, Shangrong,Xiongnu, Qidan and Nvzhen. The representative wares were from the Spring and Autumn period and the Warring States period tombs of Ganzipu in Huailai, including the Bronze pan, the bronze Gui, the pot with loop handle and the Lei. The representative wares were from the Warring States period tombs of Xiaobaiyang in Xuanhua, including all kinds of bronze swords. We also have the Grass-glazed Ewer of Song Dynasty, and the Green-glazed Pot Shaped of Stirrup with northern nomad characteristic of Liao Dynasty, White-glazed Prunus Vase with Black Decoration from Cizhou Kiln, Green-glazed Bowl from Yaozhou Kiln, Yellow-glazed and Blue-and-white Vase with Elephantshaped Handle. They are all the precious treasure.

In recent years, our museum has hold many exhibitions:"The ancient History Exhibition in Zhangjiakou","The Excavation Culture Relics Exhibition in Zhangjiakou","the Money of Past Ages Exhibition","the Palace Cultural Relics Exhibition of Qing Dynasty"," Cultural Relics Exhibition of Qing Dynasty Empire and Empress","The Collected Cultural Relics Exhibition in Zhangjiakou".

In 2009, our museum has hold the following exhibitions: "The Shows of

History Cultural Relics in Zhangjiakou", "The Special Topic Display of Chahaer Anti-Japanese Allied Army", "The Special Topic Display of Revolution", and the exhibitions has attracted a large number of the tourists.

In a word, I have summarized the history and ancient sites and tombs in Zhangjiakou, and described the development of Zhangjiukou Museum. My aim was to carry forward the history of Zhangjiukou, so that more and more people will join the ranks to protect the cultural heritage, and inherit the excellent cultural tradition. So we can try our best to improve the economic prosperity, cultural development and social progress of Zhangjiakou.

Yuguang Yan
May. 2010

图版目录

青铜器

玉　器

瓷　器

其 他

LIST OF PLATES

BRONZE WORK

JADE WORE

PORCELAIN

OTHERS

图版

青铜器
玉器
瓷器
其他

1 | **环系蟠虺凤鸟纹铜罍**
春秋
口径18.5、盖口径19.2、底径19.5、通高29.6厘米
怀来县甘子堡村出土

Bronze Lei

The Spring and Autumn Period

M:18.5 Lid M:19.2 Bottom M:19.5

Total H: 29.6cm

Excavated from Ganzipu Village, Huailai

2 | **刻铭夔纹双附耳铜盘** | Bronze Tray

春秋 | The Spring and Autumn Period

口径35.9、底径24.1、高11.8厘米 | M:35.9　B:24.1　H:11.8cm

怀来县甘子堡村出土 | Excavated from Ganzipu Village, Huailai

3 | **乳钉三角雷云纹双环耳铜簋** | Bronze Gui

春秋

口径17.9、底径10.7、高18.6厘米

怀来县甘子堡村出土

The Spring and Autumn Period

M:17.9　B:10.7　H:18.6cm

Excavated from Ganzipu Village, Huailai

4 | 蟠虺纹双龙虎耳铜罍

春秋
口径22.6、底径18.5、通高27.9厘米
怀来县甘子堡村出土

Bronze Lei

The Spring and Autumn Period
M:22.6　B:18.5　Total H:27.9cm
Excavated from Ganzipu Village, Huailai

5 夔纹龙柄四足铜匜

春秋

长28、宽14.6、通高14.8厘米

怀来县甘子堡村出土

Bronze Yi

The Spring and Autumn Period

L:28　W:14.6　Total H:14.8cm

Excavated from Ganzipu Village, Huailai

6 三角云纹兽柄虎流三足铜匜

春秋

长22.5、宽19.6、通高11.5厘米

怀来县甘子堡村出土

Bronze Yi

The Spring and Autumn Period

L:22.5　W:19.6　Total H:11.5cm

Excavated from Ganzipu Village, Huailai

7 | 乳钉六环三足铜敦

春秋
口径20.7、盖高5.9、盖沿径20.7、通高15.9厘米
怀来县甘子堡村出土

Bronze Dui

The Spring and Autumn Period
M:20.7 Lid H:5.9 LidD:20.7 Total H:15.9cm
Excavated from Ganzipu Village, Huailai

8 弦纹环耳无足铜敦

春秋
口径23.2、通高14.6厘米
怀来县甘子堡村出土

Bronze Dui

The Spring and Autumn Period
M:23.2 Total H:14.6cm
Excavated from Ganzipu Village, Huailai

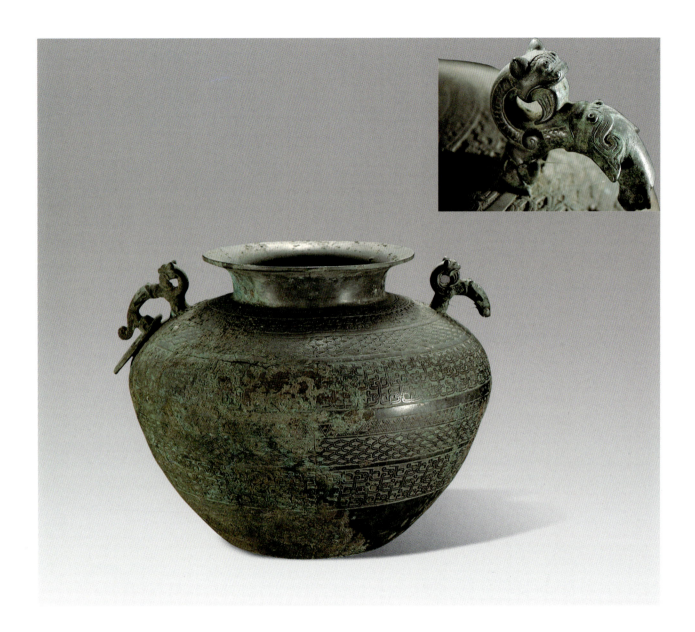

9 | **夔鳞纹双夔虎耳铜罍**

春秋
口径19.4、底径16.5、通高25.7厘米
怀来县甘子堡村出土

Bronze Lei

The Spring and Autumn Period
M:19.4 B:16.5 Total H:25.7cm
Excavated from Ganzipu Village, Huailai

10　嵌松石凤鸟纹提梁铜壶

春秋战国
口径7、底径10.3、盖径6.8、通高29.5厘米
怀来县甘子堡村出土

Bronze Pot

The Spring and Autumn Period and the Warring
States Period
M:7　B:10.3　Lid D:6.8　Total H:29.5cm
Excavated from Ganzipu Village, Huailai

11 弦纹附耳三足铜鼎

春秋

口径18.3、腹径19.4、高25.9厘米

怀来县甘子堡村出土

Bronze Ding

The Spring and Autumn Period

M:18.3 M:19.4 H:25.9cm

Excavated from Ganzipu Village, Huailai

12	龙纹鸟形盖环耳三兽足铜鼎	Bronze Ding
	春秋战国	The Spring and Autumn Period and the Warring States Period
	口径13.5、腹宽12、高16.7厘米	M:13.5 W:12 H:16.7cm
	怀来县北寨村出土	Excavated from Beizhai Village, Huailai

13 **夔纹附耳三足铜鼎** | Bronze Ding
春秋 | The Spring and Autumn Period
口径12.4、高12.9厘米 | M:12.4 H:12.9cm
怀来县甘子堡村出土 | Excavated from Ganzipu Village, Huailai

14 | **出鼻梁人面纹平裆三足铜鬲** | Bronze Li

春秋 | The Spring and Autumn Period

口径16.7、高12厘米 | M:16.7 H:12cm

怀来县甘子堡村出土 | Excavated from Ganzipu Village, Huailai

15 | 蟠虺纹附耳三兽足铜鼎 | Bronze Ding

春秋
口径31.4、高31.7厘米
怀来县甘子堡村出土

The Spring and Autumn Period
M:31.4 H:31.7cm
Excavated from Ganzipu Village, Huailai

16	变形几何兽面纹环耳铜敦	**Bronze Dui**
	春秋战国	The Spring and Autumn Period and the Warring States Period
	盖口径16.3、器口径15、通高20.3厘米	Lid M:16.3 M:15 Total H:20.3cm
	张北墓葬出土	Excavated from Tomb Zhangbei

17 镂空双虎首龙纹扁茎角格铜剑

春秋

长28.7、格宽4.8、首宽4.1厘米

怀来县甘子堡村出土

Bronze Sword

The Spring and Autumn Period

L:28.7 End of the HandleW:4.8 Head of the Sword W:4.1cm

Excavated from Ganzipu Village, Huailai

18 镂空双虎首龙纹扁茎角格铜剑

春秋

长28.6、格宽4.9、首宽3.7厘米

宣化县小白阳村出土

Bronze Sword

The Spring and Autumn Period

L:28.6 End of the Handle W:4.9 Head of the Sword W:3.7cm

Excavated from Xiaobaiyang Village, Xuanhua

19 橄榄形首扁茎角格铜剑

春秋

长27、格宽3.6、首宽4.1厘米

怀来县甘子堡村出土

Bronze Sword

The Spring and Autumn Period

L:27 End of the Handle W:3.6

Head of the Sword W:4.1cm

Excavated from Ganzipu Village, Huailai

20 连体螭环首菱纹扁茎角形格铜剑

春秋

长27.7、格宽3.8、首宽3.8厘米

宣化县小白阳村出土

Bronze Sword

The Spring and Autumn Period

L:27.7 End of the Handle W:3.8

Head of the Sword W:3.8cm

Excavated from Xiaobaiyang Village, Xuanhua

21 橄榄形首绳纹扁茎横格铜剑

春秋

长26.3、格宽3.6、首宽3.6厘米

宣化县小白阳村出土

Bronze Sword

The Spring and Autumn Period

L:26.3 End of the Handle W:3.6 Head of the
Sword W:3.6cm

Excavated from Xiaobaiyang Village,Xuanhua

22 銎首扁茎带鼻柱脊铜剑

春秋

长28.9、首径3厘米

宣化县小白阳村出土

Bronze Sword

The Spring and Autumn Period

L:28.9 Head of the Sword D:3cm

Excavated from Xiaobaiyang Village, Xuanhua

23 三穿直内铜戈

春秋

通长 20.2、阑长11、宽3.6厘米

怀来县甘子堡村出土

Bronze Dagger-axe

The Spring and Autumn Period

Total L:20.2 Banister L:11 W:3.6cm

Excavated from Ganzipu Village,Huailai

24 狭援胡三刺长内铜戈

春秋战国

通长30.6、阑长13.9、内宽2.6、

内长11厘米

怀来县甘子堡村出土

Bronze Dagger-axe

The Spring and Autumn Period and the
Warring States Period

Total L:30.6 Banister L:13.9 Tang W:2.6
L:11cm

Excavated from Ganzipu Village,Huailai

25 | **虎形铜环饰** | Bronze Ring Ornament Shaped of Tiger
春秋战国 | The Spring and Autumn Period and the Warring States Period
长3.4、宽2.9厘米 | L:3.4 W:2.9cm
宣化县小白阳村出土 | Excavated from Xiaobaiyang Village,Xuanhua

26 | **兽首螭形双脐铜带钩** | Bronze Belt Hook

春秋

长5.5、宽3.3厘米

怀来县甘子堡村出土

The Spring and Autumn Period

L:5.5　W:3.3cm

Excavated from Ganzipu Village,Huailai

27 虎形铜牌饰

春秋战国
首长0.9、首厚0.1、通长4.9厘米
宣化县小白阳村出土

Bronze Ornament Plate with Tiger Design

The Spring and Autumn Period and the Warring States Period
Head L:0.9 Head T:0.1 Total L:4.9cm
Excavated from Xiaobaiyang Village, Xuanhua

28 马形铜牌饰

春秋战国
首长1.6、首厚0.1、通长5.2厘米
宣化县小白阳村出土

Bronze Ornament Plate with Horse Design

The Spring and Autumn Period and the Warring States Period
Head L:1.6 Head T:0.1 Total L:5.2cm
Excavated from Xiaobaiyang Village, Xuanhua

29　虎形铜牌饰
春秋战国
首长1.4、厚0.1、通长5厘米
宣化县小白阳村出土

Bronze Ornament Plate with Tiger Design

The Spring and Autumn Period and the Warring States Period

Head L 1.4 Head T:0.1 Total L:5cm

Excavated from Xiaobaiyang Village, Xuanhua

30　虎形铜牌饰
春秋战国
首长1.2、通长4.4厘米
宣化县小白阳村出土

Bronze Ornament Plate with Tiger Design

The Spring and Autumn Period and the Warring States Period

Head L:1.2 Total L:4.4cm

Excavated from Xiaobaiyang Village, Xuanhua

31 | **龟形饰** Ornamtent with Tortoise Design

春秋 The Spring and Autumn Period

长5.5、宽4.8厘米 L:5.5 W:4.8cm

怀来县甘子堡村出土 Excavated from Ganzipu Village,Huailai

32 蛙形连体珠纹铜牌饰 | Bronze Ornament Plate with Frog and Pearl Design

春秋 | The Spring and Autumn Period

通长6.8、厚0.2厘米 | Total L:6.8 T:0.2cm

宣化县小白阳村出土 | Excavated from Xiaobaiyang Village,Xuanhua

33 **螭形双鼻铜马镳**

春秋

长15.5、宽1.9厘米

怀来县甘子堡村出土

Bronze Horse Curb Chain

The Spring and Autumn Period

L:15.5 W:1.9cm

Excavated from Ganzipu

Village, Huailai

34 **双马首两穿铜马镳**

春秋

长15、宽1.1厘米

怀来县甘子堡村出土

Bronze Horse Curb Chain

The Spring and Autumn Periodt

L:15 W:1.1cm

Excavated from Ganzipu

Village, Huailai

35　虎形双穿铜马镳

春秋
通长17.3、穿长1.5、首宽2.4厘米
旧藏

Bronze Horse Curb Chain

The Spring and Autumn Period
Total L:17.3　Aperture L:1.5
Head W:2.4
Collection

36　镂空兽首辖素面铜车軎

春秋
辖长8、軎长10.5厘米
怀来县甘子堡村出土

Bronze Chariot Wei

The Spring and Autumn Period
Xia L:8　Wei L:10.5cm
Excavated from Ganzipu Village, Huailai

37 透雕双马带环铜车饰 Bronze Chariot Ornament

春秋 The Spring and Autumn Period

长13.2、环径4.3厘米 L:13.2 Ring D:4.3cm

怀来县甘子堡村出土 Excavated from Ganzipu Village,Huailai

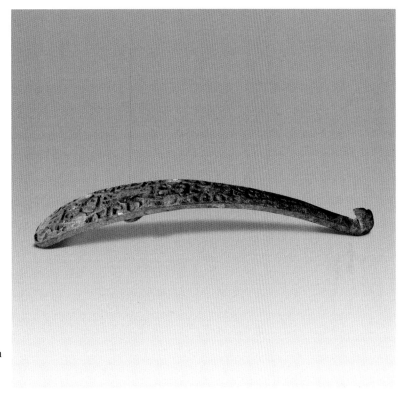

38 镶嵌禽首琵琶形铜带钩

战国

体宽2.8、柱钉径1.5、通长20.1厘米

旧藏

Bronze Belt Hook

The Warring States Period

Column nail D:1.5 Total L:20.1 W:2.8cm

Collection

39 镶嵌蛇首琵琶形铜带钩

战国

体宽1.9、柱钉径1.3、通长9.5厘米

旧藏

Bronze Belt Hook

The Warring States Period

Column nail D:1.3 W:1.9 Total L:9.5cm

Collection

40 | **马形铜饰**
汉代
通长8.1、底板长5.6、高8.4厘米
旧藏

Bronze Ornament with Horse Design
The Han Dynasty
Total L:8.1Bottom board L:5.6 H:8.4cm
Collection

41 素面铺首衔环弹形铜壶

汉代

口径15.6、底径10.1、腹围16.7、高44厘米

蔚县张南堡村出土

Bronze Pot

The Han Dynasty

Mouth D:15.6 Bottom D:10.1 Belly D:16.7 H:44cm

Excavated from Zhangnanpu Village, WeiXian

42 | **素面米字箅铜甗**

汉代

甑口径30.2、釜口径15.3、底径16.3、通高33.5厘米

蔚县桃花公社出土

Bronze Yan

The Han Dynasty

Zeng Mouth D:30.2 Fu Mouth D:15.3 Bottom D:16.3

Total H:33.5cm

Excavated from Taohuagongshe, WeiXian

43 | **弦纹附耳三足圆铜鼎**
汉代
盖口径18.7、器口径17、通高20.4厘米
旧藏

Bronze Ding

The Han Dynasty

Lid Mouth D:18.7 M:17 Total H:0.4cm

Collection

44 | **鎏金双凤纹铜带銙** | **Bronze Daikua**

辽代

边长3.8、厚1.2厘米

怀安县张家屯村出土

The Liao Dynasty

Side L:3.8 T:1.2cm

Excavated from Zhangjiatun Village, Huai' an

45 | 单柄三足荷花纹铜盆
辽、金
口径32.5、柄长4.4、高8厘米
旧藏

Bronze Basin with Single Handle and Three feet
The Liao and Jin Dynasty
Mouth D:32.5 Handle L:4.4 H:8cm
Collection

46 夔纹双龙耳铜壶

辽代

口长7.1、宽5.7、底长8.9、底宽6.4、通高20.9厘米

旧藏

Bronze Pot

The Liao Dynasty

Mouth L:7.1 W:5.7 Bottom L:8.9 Bottom W:6.4

Total H:20.9cm

Collection

47 | **精制玉堂清玩铜宣德炉** | **Bronze Xuande Incense Burner**

明代 | The Ming Dynasty

口径11.9、炉高7.8、通高10厘米 | Mouth D:11.9 Brazier Total H:10cm

旧藏 | Collection

48 | 长子宜孙连弧纹铜镜 | **Bronze Mirror**

汉代 | The Han Dynasty

直径11.4、厚0.2厘米 | D:11.4 T:0.2cm

旧藏 | Collection

49 | **柿蒂连弧纹铜镜** | Bronze Mirror
汉代 | The Han Dynasty
直径12.2、厚0.4厘米 | D:12.2　T:0.4cm
旧藏 | Collection

50 位至三公双凤纹铜镜

汉代

直径8.8、厚0.2厘米

旧藏

Bronze Mirror

The Han Dynasty

D:8.8 T:0.2cm

Collection

51 刻铭连弧纹铜镜

汉代

直径11、厚0.6厘米

旧藏

Bronze Mirror

The Han Dynasty

D:11 T:0.6cm

Collection

52 | 八乳规矩纹铜镜 | Bronze Mirror

汉代 | The Han Dynasty

直径11.3、厚0.4厘米 | D:11.3 T:0.4cm

旧藏 | Collection

53 **禽兽葡萄纹铜镜** | Bronze Mirror

唐代 | The Tang Dynasty

直径16.9、厚1.5厘米 | D:16.9 T:1.5cm

旧藏 | Collection

54 菱花鸾凤绶带纹铜镜 | Bronze Mirror

唐代 | The Tang Dynasty

直径14、厚0.4厘米 | D:14 T:0.4cm

旧藏 | Collection

55 双凤纹方铜镜

宋代
边长12.1、厚0.2厘米
旧藏

Bronze Mirror

The Song Dynasty
Every Side L:12.1 T:0.2cm
Collection

56 四凤花卉纹亚形铜镜

宋代
边长18.1、斜长20.5、厚0.3厘米
旧藏

Bronze Mirror

The Song Dynasty
One Side L:18.1 One Side
L:20.5 T:0.3cm
Collection

57 **柿蒂连弧纹铜镜**
宋代
直径16.4、厚0.4厘米
旧藏

Bronze Mirror

The Song Dynasty
D:16.4 T:0.4cm
Collection

58 **五菊纹铜镜**
金代
直径20、厚0.8厘米
旧藏

Bronze Mirror

The Jin Dynasty
D:20 T:0.8cm
Collection

59 **四乳禽鸟纹铜镜**
金代
直径8.6、厚0.4厘米
旧藏

Bronze Mirror

The Jin Dynasty
D:8.6 T:0.4cm
Collection

60 **四乳家常富贵铜镜**
金代
直径9.9、厚0.4厘米
旧藏

Bronze Mirror

The Jin Dynasty
D:9.9 T:0.4cm
Collection

61 | **文王访贤纹铜镜** | **Bronze Mirror**

金代　　　　　　　　The Jin Dynasty

直径14.3、厚0.2厘米　D:14.3　T: 0.2cm

旧藏　　　　　　　　Collection

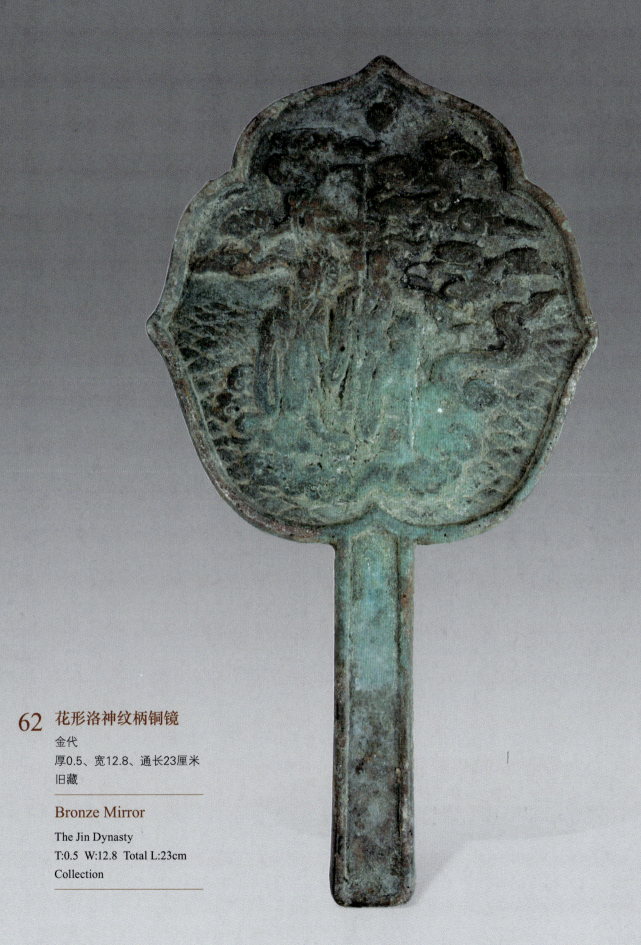

62 花形洛神纹柄铜镜

金代
厚0.5、宽12.8、通长23厘米
旧藏

Bronze Mirror

The Jin Dynasty
T:0.5 W:12.8 Total L:23cm
Collection

63 葵花形摩羯纹铜镜
金代
直径9.5、厚0.3厘米
旧藏

Bronze Mirror

The Jin Dynasty
D:9.5 T:0.3cm
Collection

64 摩羯纹方铜镜
元代
直径9、厚0.3厘米
旧藏

Bronze Mirror

The Yuan Dynasty
D:9 T:0.3cm
Collection

65 菱花形双凤纹铜镜

元代
直径11.8、厚0.3厘米
旧藏

Bronze Mirror

The Yuan Dynasty
D:11.8 T: 0.3cm
Collection

66 摩羯纹铜镜

元代
直径11.1、厚0.3厘米
旧藏

Bronze Mirror

The Yuan Dynasty
D:11.1 T:0.3cm
Collection

67 六鹤同春纹铜镜

元代

直径18.9、厚0.4厘米

旧藏

Bronze Mirror

The Yuan Dynasty

D:18.9 T:0.4cm

Collection

68 刻线八宝纹双钮铜镜

明代

直径21、厚0.5厘米

旧藏

Bronze Mirror

The Ming Dynasty

D:21 T:0.5cm

Collection

69 | 刻铭五子登科铜镜 | Bronze Mirror
明代 | The Ming Dynasty
直径31.6、厚1.5厘米 | D:31.6 T:1.5cm
旧藏 | Collection

70 | 共保千年花卉纹铜镜 | Bronze Mirror

明代 | The Ming Dynasty

直径23.1、厚1厘米 | D:23.1 T:1cm

旧藏 | Collection

71 | 勾当公事闻字号铜印
金代
边长5.2、钮厚1.7、钮宽3、通高5厘米
旧藏

Bronze Seal

The Jin Dynasty
Every Side L:5.2 Button T:1.7 W:3 Total H:5cm
Collection

73 环钮长方郭押铜印

金代

印面长2.7、宽1.4、厚0.4、通
高2厘米

旧藏

Bronze Seal

The Jin Dynasty

Every Side L:2.7 W:1.4 T:0.4

Total H:2cm

Collection

74 环钮人物押铜印

金代

印面长2.4、宽1.7、厚0.2、
高6.2厘米

旧藏

Bronze Seal

The Jin Dynasty

Every Side L:2.4 W:1.7 T:0.2

H:6.2cm

Collection

71 **直钮银锭形铜印**

金代

印面长2.7、厚0.9、通高2.8

旧藏

Bronze Seal

The Jin Dynasty

Every Side L:2.7 T:0.9 Total H:2.8cm

Collection

75 **直钮方铜印**

元代

边长7、钮厚1.5、通高5.3厘米

旧藏

Bronze Seal

The Yuan Dynasty

Every Side L:7 Button H:1.5 Total H:5.3cm

Collection

76 皇甫方钮六棱铜权

元代

底长4.1、底宽2.6、通高8.3厘米

旧藏

Bronze Weight

The Yuan Dynasty

Bottom L:4.1　W:2.6　Total H:8.3cm

Collection

77 方钮圆体铜权

元代

钮宽2.7、底径4.3、通高9.3厘米

旧藏

Bronze Weight

The Yuan Dynasty

Button W:2.7　D:4.3　Total H:9.3cm

Collection

78 至元廿三年造方钮六棱铜权

元代
底长5.2、底宽3.6、通高9厘米
旧藏

Bronze Weight

The Yuan Dynasty
Bottom L:5.2 W:3.6 Total H:9cm
Collection

79 延祐二年留守司造方钮六
棱铜权

元 代
底长5.2、底宽2.8、通高9.7厘米
旧藏

Bronze Weight

The Yuan Dynasty
Bottom L:5.2 W:2.8 Total H:9.7cm
Collection

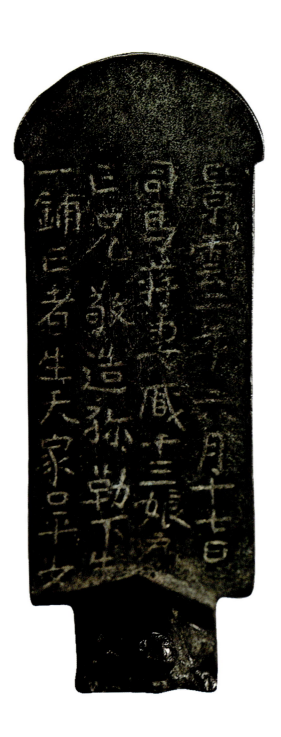

80 景云年龟座刻铭弥勒铜立像
唐代
碑首宽3.3、龟座长3.2、龟座宽1.9、通高8.2厘米
旧藏

Bronze Standing Buddha
The Tang Dynasty
Stele W:3.3 Pedestal L:3.2 W:1.9 Total H:8.2cm
Collection

81 | 鎏金释迦铜坐像

明代

底座高3.4、宽8.4、底座长11.7、通高6.2厘米

旧藏

Gilt Bronze Sitting Buddha

The Ming Dynasty

Pedestal H:3.4 W:8.4 L:11.7 Total H:6.2cm

Collection

82 鎏金踏双象座六臂明王铜像　　*Gilt Bronze Sitting Buddha*

清代　　*The Qing Dynasty*

底座长8.7、底座宽6.5、通高19厘米　　*Pedestal L:8.7　W:6.5　Total H:19cm*

旧藏　　*Collection*

83　**鎏金方座菩萨变体铜坐像**　**Gilt Bronze Sitting Buddha**

清代　The Qing Dynasty

座高5.9、底长6.5、宽4.9、通高7厘米　Pedestal H:5.9　L:6.5　W:4.9　Total H:7cm

旧藏　Collection

84 **鎏金三头八臂菩萨铜坐像**
清代
底座长11.9、座宽8.4、通高15.9厘米
旧藏

Gilt Bronze Sitting Buddha

The Qing Dynasty
Pedestal H:11.9 W:8.4 Total H:15.9cm
Collection

85 | 鎏金方座罗汉铜像
清代
底宽5.3、底长6.5、通高9.3厘米
旧藏

Gilt Bronze Buddha

The Qing Dynasty
Pedestal W:5.3　L:6.5　Total H:9.3cm
Collection

86 鎏金圆座罗汉铜坐像

清代
底径7.5、通高10厘米
旧藏

Gilt Bronze Sitting Buddha

The Qing Dynasty
Pedestal D:7.5 Total H:10cm
Collection

87 | **鎏金吉祥天母骑兽像** | Gilt Bronze Buddha
清代 | The Qing Dynasty
宽13.5、通高16.5厘米 | W:13.5 Total H:16.5cm
旧藏 | Collection

88 鎏金宗喀巴铜坐像

清代
底长28.2、底宽18.9、通高42厘米
旧藏

Gilt Bronze Sitting Buddha

The Qing Dynasty
Pedestal L:28.2 W:18.9 Total H:42cm
Collection

89 漆金释迦铜坐像

清代
底座长21.7、宽15.5、通高32.3厘米
旧藏

Gilt Bronze Sitting Buddha

The Qing Dynasty
Pedestal L:21.7 W:15.5 Total H:32.3cm
Collection

90 | 鎏金吉祥天母骑龙铜像 | *Gilt Bronze Buddha*
清代 | The Qing Dynasty
龙身长9.4、通高10.5厘米 | Total H:10.5 Dragon Body L:9.4cm
旧藏 | Collection

91 永乐七年九月造三箍铜炮

明代
口径10、底径10、通长50厘米
旧藏

Bronze Cannon of September of the seventh Year of Yongle Reign

The Ming Dynasty
Mouth D:10　Bottom D:10　Total L:50cm
Collection

92 永乐十三年九月造三箍铜炮

明代
口径7.2、底径7.4、通长43.8厘米
旧藏

Bronze Cannon of September of the thirteenth Year of Yongle Reign

The Ming Dynasty
Mouth D:7.2 Bottom D:7.4 Total L:43.8cm
Collection

张 家 口 市 博 物 馆 馆 藏 文 物 精 华

青铜器

玉器

瓷器

其他

1 白玉剑珌

汉代

长5.2、宽6.2、厚1.5厘米

蔚县张南堡村出土

Jade Ornament of the Sword Head

The Han Dynasty

L:5.2 W:6.2 T:1.5cm

Excavated from Zhangnanpu Village, Weixian

2 白玉剑璏

汉代

长6.5、宽2.5、厚1.6厘米

蔚县张南堡村出土

Jade Zhi

The Han Dynasty

L:6.5 W:2.5 T:1.6cm

Excavated from Zhangnanpu Village, Weixian

3 八棱白玉环

汉代

直径9.6、环带宽1.2、厚0.4厘米

蔚县张南堡村出土

Jade Ring with Octagonal Design

The Han Dynasty

D:9.6 T:0.4cm

Excavated from Zhangnanpu Village, Weixian

4 透雕云龙纹长方形玉带饰

宋代

长8.4、宽3.8、厚0.5厘米

旧藏

Jade Belt Ornament with Rectangle Design

The Song Dynasty

L:8.4 W:3.8 T:0.5cm

Collection

5 龙首伏螭玉带钩

元代

长11.4、宽2.4、钩首高2.1、柱钉
径2.7厘米

旧藏

Jade Belt Hook

The Yuan Dynasty

L:11.4 W:2.4 Head of Belt Hook H:2.1

Button D:2.7cm

Collection

6 透雕双螭纹嵌饰

元代

长7.8、宽5.6、厚1.3厘米

旧藏

Jade Ornament

The Yuan Dynasty

L:7.8 W:5.6 T:1.3cm

Collection

7 | **龙首浮雕螭纹玉带钩**
　　明代
　　长9.5、宽1.9、钩首高2.1、柱钉径1.93厘米
　　旧藏

Jade Belt Hook

The Ming Dynasty

L:9.5　W:1.9　Head of Belt Hook H:2.1　Button D:1.93cm

Collection

8 | **浮雕龙首螭纹玉带扣**
　　明代
　　通长11.9、宽4.1、钩长6.4、扣长6.8厘米
　　旧藏

Jade Buckle

The Ming Dynasty

Totol L:11.9　W:4.1 Belt Hook L:6.4 Button D:6.8cm

Collection

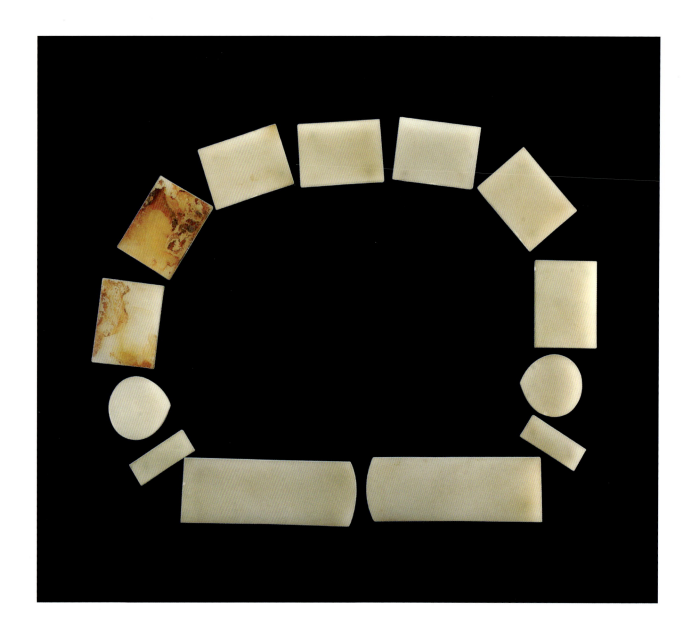

<table>
<tr><td>9</td><td>白玉带銙
明代
长14、宽4.9、厚0.8厘米
怀安县高家窑村出土</td><td>Jade Daikua
The Ming Dynasty
L:14　W:4.9　T:0.8cm
Excavated From Gaojiayao Village , Huai'an</td></tr>
</table>

10 镂空地浮雕并蒂莲如意嵌饰

明代
长9.2、宽7、缘厚0.5厘米
旧藏

Jade Ornament

The Ming Dynasty
L:9.2 W:7 T:0.5cm
Collection

11 浮雕龙首螭纹玉带钩

明代
长9.3、宽2、龙首高2.4、柱钉径2厘米
旧藏

Jade Belt Hook

The Ming Dynasty
L:9.3 W:2 Head of Belt Hook H:2.4
Buttan D:2cm
Collection

12　乳钉纹双耳玉杯

明代
口径7.27、底径3.9、高3.6厘米
旧藏

Jade Cup

The Ming Dynasty
Mouth D:7.27 Bottom D:3.9 H:3.6cm
Collection

13　双龙耳玉杯

清代
口径6.35、底径2.75、高4.4厘米
旧藏

Jade Cup

The Qing Dynasty
Mouth D:6.35 Bottom D:2.75 H:4.4cm
Collection

14 双龙耳玛瑙杯

清代
口径7.1、底径3、高4.7厘米
旧藏

Agate Cup

The Qing Dynasty
Mouth D:7.1　Bottom D:3　H:4.7cm
Collection

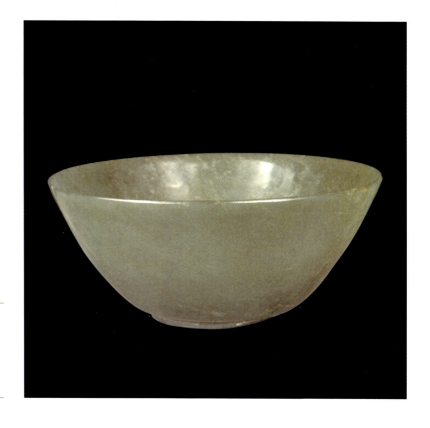

15 素面碧玉碗

清代
口径9.7、底径3.8、高4.1厘米
旧藏

Jade Bowl

The Qing Dynasty
Mouth D:9.7　Bottom D:3.8　H:4.1cm
Collection

16 **透雕蝠寿纹玉佩饰**
清代
长6.9、宽4.5、厚0.5厘米
旧藏

Jade Ornaments

The Qing Dynasty
L:6.9 W:4.5 T:0.5cm
Collection

17 **透雕蝴蝶纹玉佩饰**
清代
长7.2、宽4.1、厚0.3厘米
旧藏

Jade Ornaments

The Qing Dynasty
L:7.2 W:4.1 T:0.3cm
Collection

18 透雕蝠寿有鱼纹玉佩饰　Jade Ornaments

清代　The Qing Dynasty

直径5.5、厚0.3厘米　D:5.5　T:0.3cm

旧藏　Collection

19 | 透雕双龙寿字纹玉佩饰 | Jade Ornaments

清代 | The Qing Dynasty

直径5.8、厚0.2厘米 | D:5.8 T:0.2cm

旧藏 | Collection

20 | **透雕蝠寿如意纹玉佩饰** | Jade Ornaments

清代 The Qing Dynasty

长7、宽6.3、厚0.6厘米 L:7 W:6.3 T:0.6cm

旧藏 Collection

21 | **透雕双蝠捧寿玉佩饰** | Jade Ornaments
清代 | The Qing Dynasty
长4.93、宽4、厚0.3厘米 | L:4.93 W:4 T:0.3cm
旧藏 | Collection

22 | **透雕喜字双龙纹玉牌饰** | Jade Ornament Plate

清代 | The Qing Dynasty

长7.4、宽3.8、厚0.6厘米 | L:7.4 W:3.8 T:0.6cm

旧藏 | Collection

23	**透雕双龙纹斋戒玉牌饰**	Jade Ornament Plate
清代	The Qing Dynasty
长5.7、宽3.9、厚0.4厘米	L:5.7　W:3.9　T:0.4cm
旧藏	Collection

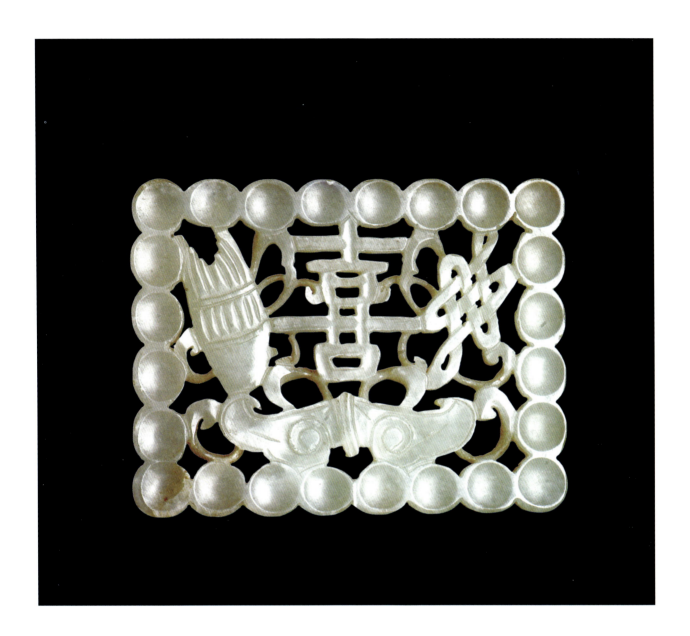

24 | **透雕喜字杂宝纹玉佩饰** | Jade Ornaments
清代 | The Qing Dynasty
长7.6、宽5.7、厚0.6厘米 | L:7.6　W:5.7　T:0.6cm
旧藏 | Collection

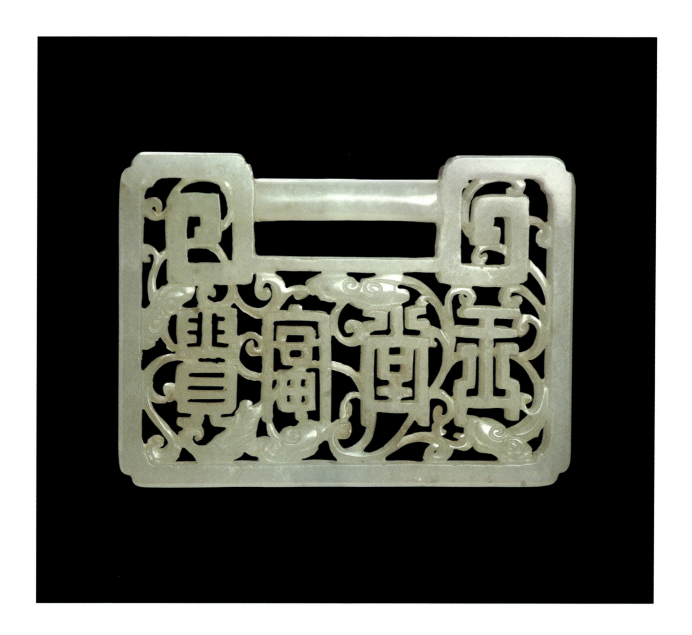

25 | **透雕玉堂富贵白玉锁** | Jade Lock

清代 | The Qing Dynasty

长7.8、宽5.5、厚0.7厘米 | L:7.8 W:5.5 T:0.7cm

旧藏 | Collection

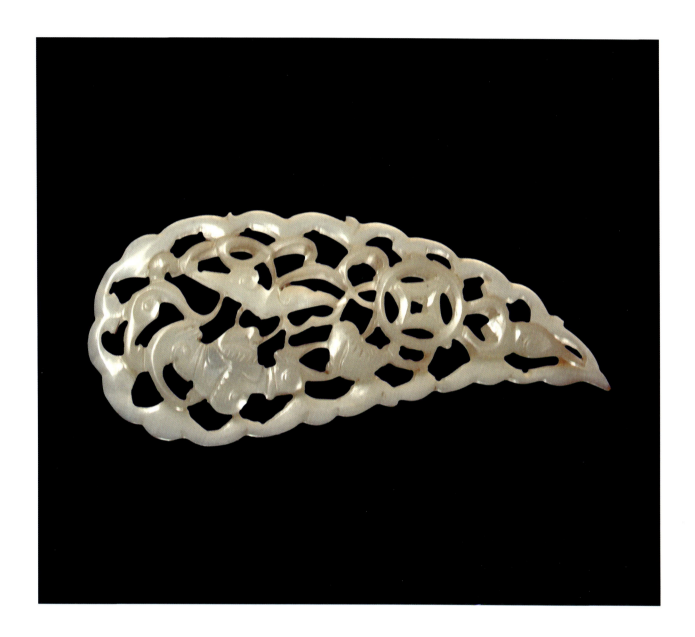

26 **透雕福在眼前叶形玉嵌饰** Jade Ornament

清代 The Qing Dynasty

长7.2、宽3.2、厚0.4厘米 L:7.2　W:3.2　T:0.4cm

旧藏 Collection

27 巧做荷叶青蛙玉坠

清代
长6.1、宽4.3、蛙身长1.8厘米
旧藏

Jade Tassel

The Qing Dynasty
L:6.1 W:4.3 Forg L:1.8cm
Collection

28 花形圆柄玉勺

清代
长14.3、勺宽5.65、高2.1厘米
旧藏

Jade Scoop

The Qing Dynasty
L:14.3 Scoop W:5.65 H:2.1cm
Collection

29 **透雕人物故事玉扁簪**
清代
宽2.3、板厚0.2、针长10.7、通长23厘米
旧藏

Jade Hairpin

The Qing Dynasty

W:2.3 T:0.2cm NeedleTotal L:23cm

Collection

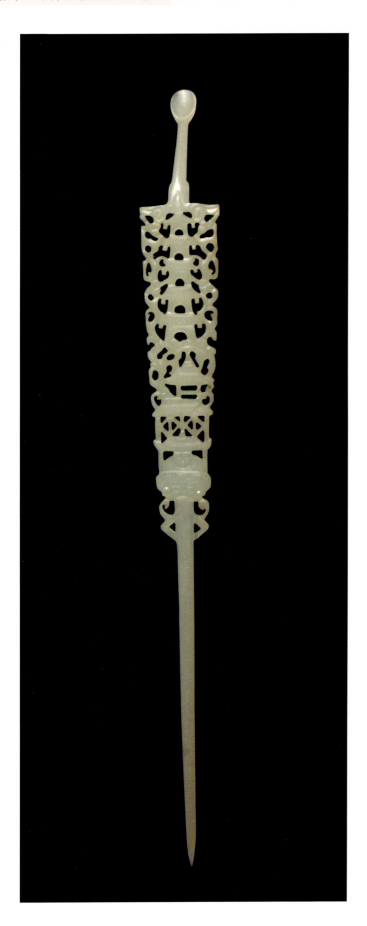

30 透雕金山宝塔玉扁簪

清代
宽2.1、簪板长9.3、针长9.6、通长
21.1厘米
旧藏

Jade Hairpin

The Qing Dynasty
W:2.1 Hairpin Boad L:9.3 Needle L:9.6
Total L:21.1cm
Collection

31 | **龙首素面玉带钩**
清代
长10.1、宽2.2、钩首高2.7、钉径1.6厘米
旧藏

Jade Belt Hook
The Qing Dynasty
L:10.1 W:2.2 Head of Hook H:2.7 Batton D:1.6cm
Collection

32 | **龙首花卉纹玉带扣**
清代
钩长6.6、扣长6.4、宽4.9、通长11.7厘米
旧藏

Jade Buckle
The Qing Dynasty
Hook L:6.6 Button L:6.4 W:4.9 Total L:11.7cm
Collection

33 **透雕八仙玉嵌饰** **Jade Ornament**

清代　The Qing Dynasty

宽1.8、厚0.1、高4厘米　W:1.8　T:0.1　H:4cm

旧藏　Collection

34 | **透雕人物纹玉佩饰** | Jade Ornaments
清代 | The Qing Dynasty
长5.3、宽4.1、厚0.4厘米 | L:5.3 W:4.1 T:0.4cm
旧藏 | Collection

35 **透雕葫芦形白玉坠** | Jade Tassel
清代 | The Qing Dynasty
长6.3、宽3.9厘米 | L:6.3 W:3.9cm
旧藏 | Collection

36 透雕花卉纹玉香囊

清代
玉长7.6、宽5.7、厚0.6、通长36.8厘米
旧藏

Jade Perfume Bag

The Qing Dynasty
Jade L:7.6 W:5.7 T:0.6 Total L:36.8cm
Collection

37 透雕童子持莲纹玉扁簪

清代

宽2、厚0.24、通长11.1厘米

旧藏

Jade Hairpin

The Qing Dynasty

W:2 T:0.24 Total L:11.1cm

Collection

张 家 口 市 博 物 馆 馆 藏 文 物 精 华

青铜器

玉 器

瓷 器

其 他

1 | **黄釉席纹双系执壶**

唐代

口径6.8、腹径12.2、底径9.2、高20.5厘米

怀来县寺湾村出土

Yellow-glazed Ewer with Two Loop Handles

The Tang Dynasty

Mouth D:6.8 Belly D:12.2 Bottom D:9.2 H:20.5cm

Excavated from Siwan Village, Huailai

2 磁州窑白釉黑彩牡丹纹梅瓶

宋代
口径3.85、腹径17.4、底径9、高39.4厘米
旧藏

White-glazed Prunus Vase with Black Decoration (Cizhou Kiln)

The Song Dynasty
Mouth D:3.85 Belly D:17.4 Bottom D:9 H:39.4cm
Collection

3 | **东窑青釉刻花牡丹纹执壶** | Green-glazed Ewer（Dong Kiln）

宋代

口径3.8、底径9、高17.4厘米

旧藏

The Song Dynasty

Mouth D:3.8 Bottom D:9 H:17.4cm

Collection

4 | **耀州窑青釉刻花缠枝菊纹碗** | Green-glazed Bowl(Yaozhou Kiln)

宋代

口径20、底径5.6、高7.6厘米

张北县公会村出土

The Song Dynasty

Mouth D:20 Bottom D:5.6 H:7.6cm

Excavated from Gonghui Village, Zhangbei

5 | 白釉八棱瓜形带温碗注壶

辽代

碗口径17.5、底径9.8、高14.3、壶高20、底径7.4、
通高23.5厘米

下花园区孟家坟村出土

White Porcelain Water Dropper with Wine-warming Bowl

The Liao Dynasty

Bowl Mouth D:17.5　Bottom D:9.8　H:14.3cm　Pot
H:20　Bottom D:7.4　Total H:23.5cm

Excavated from Mengjiafen Village, Xiahuayuan

6 | **白釉橘红彩花口盏托**
　　辽代
　　口径12、腹径5.8、高3.2厘米
　　下花园区孟家坟村出土

White Porcelain Salver

The Liao Dynasty

Mouth D:12 Belly D:5.8 H:3.2cm

Excavated from Mengjiafen Village, Xiahuayuan

7 | **白釉葵花形碗**

辽代
口径9.7、底径3.3、高5.7厘米
下花园区辽墓出土

White Porcelain Sunflower-shaped Bowl

The Liao Dynasty
Mouth D:9.7　Bottom D:3.3　H:5.7cm
Excavated from the Liao Tomb of Xiahuayuan

8 | **绿釉团龙纹马蹬壶**

辽代

口径4.6、底径10.7、高23.5厘米

旧藏

Green-glazed Pot Shaped of Stirrup

The Liao Dynasty

Mouth D:4.6　Bottom D:10.7　H:23.5cm

Collection

9 | **绿釉鱼形水盂** | Green-glazed Yu Shaped of Fish
辽代 | The Liao Dynasty
长33.5、高16.6厘米 | L:33.5　H:16.6cm
旧藏 | Collection

10　绿釉花口堆花云耳带环瓶

辽代
口径12.7、底径19.5、高43.4厘米
旧藏

Green-glazed Vase

The Liao Dynasty
Mouth D:12.7　Bottom D: 19.5　H: 43.4cm
Collection

11 白釉堆贴人物魂瓶

辽代
口径4、腹径13.7、底径8.7、高30.5厘米
旧藏

White Porcelain Vase with Portraiture Design
The Liao Dynasty
Mouth D:4 Belly D:13.7 Bottom D:8.7 H:30.5cm
Collection

12 白釉唾盂

辽代
口径19.3、底径5.9、高17.8厘米
下花园区辽墓出土

White Porcelain Spittoon

The Liao Dynasty
Mouth D:19.3　Bottom D:5.9　H:17.8cm
Excavated from the Liao Tomb of
Xiahuayuan

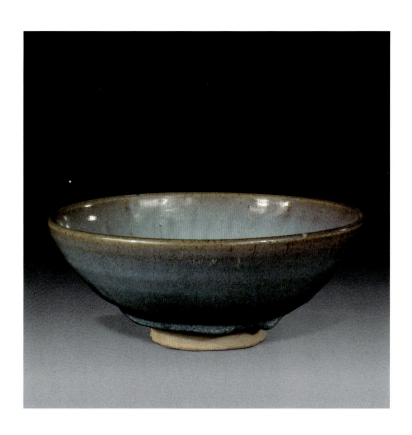

13 钧窑碗

元代
口径14.5、底径7.5、高8.1厘米
旧藏

Bowl (Jun Kiln)

The Yuan Dynasty
Mouth D:14.5　Bottom D:7.5　H:8.1cm
Collection

14 **钧窑窑变双环兽耳折腹炉**

元代

口径9.6、高 11.8厘米

旧藏

Incense Burner with Double Loop and Beast Ear（Jun Kiln）

The Yuan Dynasty

Mouth D:9.6 H:11.8cm

Collection

15 **酱釉双系罐**

元代

口径5.9、底径10.2、高16.8厘米

旧藏

Brown-glazed Jar with Two Loop Handles

The Yuan Dynasty

Mouth D:5.9 Bottom D:10.2 H:16.8cm

Collection

16 白釉赭彩龙虾祥云纹四系瓶

金、元

口径7.5、腹径23、底径12.7、高48厘米

涿鹿县虷蚄口村窖藏出土

White Porcelain Vase with Four Loop Handles

The Jin and Yuan Dynasty

Mouth D:7.5 Belly D:23 Bottom D:12.7 H:48cm

Excavated from Hoard of Zifangkou Village, Zhuolu

17 白釉赭彩折沿盆

元代

口径33.2、底径18、高7.3厘米

旧藏

White Porcelain Basin

The Yuan Dynasty

Mouth D:33.2　Bottom D:18　H:7.3cm

Collection

18 白釉褐彩花卉罐

元代

口径11、腹径14、底径7.6、高12.5厘米

涿鹿县虸蚄口村窖藏出土

White Porcelain Jar

The Yuan Dynasty

Mouth D:11 Belly D:14 Bottom D:7.6 H:12.5cm

Excavated from Hoard of Zifangkou Village, Zhuolu

19 白釉赭彩罐

元代

口径15.4 底径11.5 高26厘米

涿鹿县蚘蚄口村窖藏出土

White Porcelain Jar

The Yuan Dynasty

Mouth D:15.4 Bottom D:11.5 H:26cm

Excavated from Hoard of Zifangkou Village, Zhuolu

20 **白釉黑花双系罐**

元代

口径14、腹径22.2、底径9.5、高17.6厘米

涿鹿县虸蚄口村窖藏出土

White Porcelain Jar with Two Loop Handles and Black Floral Design

The Yuan Dynasty

Mouth D:14 Belly D:22.2 Bottom D:9.5 H:17.6cm

Excavated from Hoard of Zifangkou Village, Zhuolu

21 | **白釉黑花四系罐**
元代
口径4.8、腹径16.2、底径10.2、高28厘米
旧藏

**White Porcelain Jar with Four Loop Handles
and Black Floral Design**
The Yuan Dynasty
Mouth D:4.8 Bottom D:10.2 Belly D:16.2 H:28cm
Collection

22 白釉褐彩双耳折肩罐　White Porcelain Jar with Two Ears and Black Decoration

元代　The Yuan Dynasty

口径4.8、底径7.9、高18.7厘米　Mouth D:4.8　Bottom D:7.9　H:18.7cm

涿鹿矾山出土　Excavated from Fanshan, Zhuolu

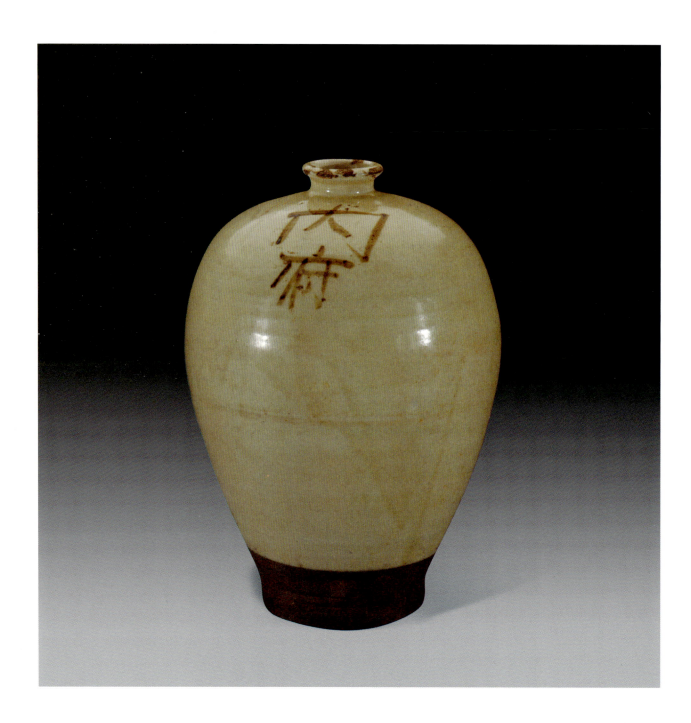

23 | **白釉内府铭文梅瓶**
元代
口径4.8、腹径21、底径11、高29.2厘米
涿鹿县虷蚄口村窖藏出土

White Porcelain Prunus Vase
The Yuan Dynasty
Mouth D:4.8 Belly D:21 Bottom D:11 H:29.2cm
Excavated from Hoard of Zifangkou Village, Zhuolu

24　白釉堆贴盘龙观音魂瓶

元代
口径4、腹径13.7、高30.5厘米
旧藏

White Porcelain Vase with Goddess of Mercy Design

The Yuan Dynasty
Mouth D:4　Belly D:13.7　H:30.5cm
Collection

25　黑釉酱斑收口碗　Black-glazed Bowl with Brown- speckle Design

元代　The Yuan Dynasty

口径16.2、底径5.8、高7.2厘米　Mouth D:16.2 Bottom D:5.8 H:7.2cm

旧藏　Collection

26 **青花婴戏高足碗**
明代
口径15.6、底径4.3、高11.1厘米
旧藏

Blue-and-white Bowl
The Ming Dynasty
Mouth D:15.6 Bottom D:4.3 H:11.1cm
Collection

27 | **青花葡萄纹菱花口大盘** | Blue-and-white Tray

明代

口径43、底径27.3、高8厘米

旧藏

The Ming Dynasty

Mouth D:43　Bottom D:27.3　H:8cm

Collection

28 **孔雀蓝釉堆花葫芦瓶**

明代

口径4.3、腹径16.3、底径7.5、高24厘米

旧藏

Blue-glazed Gourd-shaped Vase

The Ming Dynasty

Mouth D:4.3 Belly D:16.3 Bottom D:7.5 H:24cm

Collection

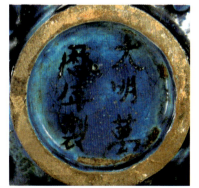

29 **蓝釉龙头刻花瓶**

明代

口径6.9、底径9.5、高34厘米

旧藏

Bule-glazed Vase with Incised Flowers

The Ming Dynasty

Mouth D:6.9 Bottom D:9.5 H:34cm

Collection

30 三彩亭顶贴花三兽足炉

明代

腹径20、底宽19、高42厘米

旧藏

Tri-colour Incense Burner

The Ming Dynasty

Belly D:20 Bottom D:19 H:42cm

Collection

31 孔雀蓝釉出脊贴龙纹觚形器

明代

口径21.8、腹径13.4、高45.3厘米

旧藏

Blue-glazed Ware

The Ming Dynasty

Mouth D:21.8 Bottom D:13.4 H:45.3cm

Collection

32 | **黄釉青花双象耳瓶**
清代
口径11.3、腹径19.5、底径12.5、高32厘米
旧藏

Yellow-glazed and Blue-and-white Vase with Elephantshaped Handle

The Qing Dynasty
Mouth D:11.3 Belly D:19.5 Bottom D:12.5 H: 32cm
Collection

33 **豆青釉里红堆蟠螭长颈瓶**

清代

口径4.9、腹径22、底径13.95、高34厘米

旧藏

Green-glazed and Underglaze Red
Vase with Long Neck

The Qing Dynasty

Mouth D:4.9 Belly D:22

Bottom D:13.95 H:34cm

Collection

34 豆青釉盖罐

清代

口径8.6、腹径16.5、底径10、高19.5厘米

旧藏

Green-glazed Jar with Lid

The Qing Dynasty

Mouth D:8.6　Belly D:16.5　Bottom D:10　H:19.5cm

Collection

35 黄釉暗刻花龙纹盘

清代
口径17.3、底径10.8、高4.3厘米
旧藏

Yellow-glazed Tray

The Qing Dynasty
Mouth D:17.3 Bottom D:10.8 H:4.3cm
Collection

36 青花双凤牡丹纹将军罐 | Blue-and-white Jar

清代 | The Qing Dynasty

口径11、底径17、高33厘米 | Mouth D:11 Bottom D:17 H:33cm

旧藏 | Collection

37 | **豆青釉青花双龙纹鱼缸**

清代

口径22.1、腹径24.5口、底径13.8、高14.7厘米

旧藏

Green-glazed and Blue-and-white Fish Bowl

The Qing Dynasty

Mouth D:22.1 Belly D:24.5 Bottom D:13.8 H:14.7cm

Collection

38 青花缠枝莲纹大碗

清代
口径37、底径20.4、高17厘米
旧藏

Blue-and-white Bowl

The Qing Dynasty
Mouth D:37 Bottom D:20.4 H:17cm
Collection

39 | **粉彩百鹿尊**

清代

口径10.9、腹径18、底径10.5、高27.7厘米

旧藏

Zun with Famille Rose and Deers Design

The Qing Dynasty

Mouth D:10.9 Belly D:18 Bottom D:10.5 H:27.7cm

Collection

40 霁蓝描金六棱方扁瓶

清代
口径8.9、底径8.9、高26厘米
旧藏

Flat Vase

The Qing Dynasty
Mouth D:8.9 Bottom D:8.9 H:26cm
Collection

41 **唇口紫釉双鱼瓶**

清代

口径4.5、底径9、高25厘米

旧藏

Double Fish-shaped Vase

The Qing Dynasty

Mouth D:4.5 Bottom D:9 H:25cm

Collection

青铜器
玉器
瓷器
其他

1 | **嵌松石虎形金饰**
春秋
长19.5、宽4.8、厚0.1厘米、重5.8克
怀来县甘子堡村出土

Gold Ornament with Tiger Design
The Spring and Autumn Period
L:19.5　W:4.8　T:0.1cm　Weight:5.8g
Excavated from Ganzipu Village,Huailai

2 **盘丝形金耳饰**

春秋

环径2.3、丝径0.1厘米、重2.6克

怀来县甘子堡村出土

Gold Earring

The Spring and Autumn Period

Ring D:2.3 Wire D:0.1 Weight:2.6g

Excavated from Ganzipu Village,Huailai

3 **盘丝形金耳饰**

春秋

环径2.4、丝径0.1厘米、重7.7克

怀来县甘子堡村出土

Gold Earring

The Spring and Autumn Period

Ring D:2.4 Wire D:0.1 Weight:7.7g

Excavated from Ganzipu Village, Huailai

4 项圈金饰

春秋

长19.8、宽2.6、厚0.1厘米、重61克

怀来县甘子堡村出土

Gold Ornament

The Spring and Autumn Period

L:19.8 W:2.6 T:0.1cm Weight:61g

Excavated from Ganzipu Village, Huailai

5 项圈金饰

春秋

长17.8、宽2.2、厚0.1厘米、重33克

怀来县甘子堡村出土

Gold Ornament

The Spring and Autumn Period

L:17.8 W:2.2 T:0.1cm Weight:33g

Excavated from Ganzipu Village, Huailai

6 **包银錾花嵌宝石碗**

清代

口径16、底径9.4、高8厘米

旧藏

Precious Stone Bowl

The Qing Dynasty

Mouth D:16 Bottom D:9.4 H:8cm

Collection

7 观音童子象牙雕立像

民国
观音身高25.5、通高31厘米
旧藏

Eburnean Standing Buddha

Mingguo
Total H:31cm
Collection

8 | **白垩兽面驮立式陶骆驼**
唐代
长67、底板长21.6、宽15.7、厚0.6、通高39.6厘米
旧藏

Pottery Camel with Beast Face
The T ang Dynasty
L:67 Bottom Board L:21.6 W:15.7 T:0.6 Total H:39.6cm
Collection

9　堆贴人物塔形陶器

辽代

口径14.6、底径19、通高55.3厘米

下花园区辽墓出土

Tower-shaped Ware

The Liao Dynasty

Mouth D:14.6 Bottom D:19 H:55.3cm

Excavated from the Liao Tomb of Xiahuayuan

10 绿釉女武将陶坐俑

辽代
宽26.7、厚11.5、高45厘米
崇礼县红旗营乡征集

Green-glazed Female Figure

The Liao Dynasty
Mouth D:26.7 T:11.5 H:45cm
Collected at Hongqiying Village, Chongli

11 绿釉高足陶盘

辽代
盘口径16.4、足底径12.6、
高11.5厘米
崇礼县红旗营乡征集

Green-glazed Tray

The Liao Dynasty
Mouth D:16.4 Bottom D:12.6 H:11.5cm
Collected at Hongqiying Village, Chongli

12 紫砂刻经文钵

清代
口径12.4、底径5.8、高8.9厘米
旧藏

Boccaro Bowl with Incised Lection

The Qing Dynasty
Mouth D:12.4 Bottom D:5.8 H: 8.9cm
Collection

图 版 说 明

青 铜 器

1. 环系蟠虺凤鸟纹铜罍

器口外折宽沿，方唇，短直颈内折。肩部附双兽环耳，间隔双直立耳，同时饰有四组圆凸状蛇纹图案。兽耳、眼、额均有镶嵌松石坑。立环耳上饰绳纹。腹上部饰有两周绳纹，间饰一组蟠虺纹。腹中部饰一周凤鸟纹，凤鸟呈仰俯缠连，为二方连续纹图案，平底凹。盖边沿饰绳纹一周，凹弦纹两周，捉手周壁饰镂空雕刻四蛙和蟠虺纹，盖顶略鼓，饰龟甲纹。

2. 刻铭夔纹双附耳铜盘

铜盘，敞口窄缘，浅腹。圈足外侈，腹外壁附双直立耳。腹部饰夔纹，耳部饰珠纹和三线状羽纹，足外饰一周虎纹。盘内中部阴刻27个铭文。目前发现的北方草原文化青铜器春秋时期刻有铭文的较为罕见。

3. 乳钉三角雷云纹双环耳铜簋

圆腹双耳圈足式。捉手顶部饰三角波曲纹。盖肩部与器腹部上下对称饰有四鸟兽镶嵌纹。器肩部饰双兽环耳，腹部饰五棱双环耳，腹部上下对称饰波曲纹和菱格，间饰乳钉纹。下腹与底衔接处饰有不同的六角纹。

4. 蟠虺纹双龙虎耳铜罍

铜罍。敞口，方唇，束颈，广肩，平底。肩部附龙食虎形双环耳，虎呈口首连颈状，后半身被龙所吞食，卷尾中穿一环。器肩部饰蟠虺纹、鳞纹，由一周宽带纹相隔。腹部饰蟠虺纹、鳞纹各一周，中间隔一周弦纹。

5. 夔纹龙柄四足铜匜

口缘内敛。流槽扩大弯曲。深腹，圆底。下具四条扁兽足，尾部饰龙形柄。口缘饰有两周弦纹，腹部饰蟠曲夔纹，底处部有范铸浇口十字痕。

6. 三角云纹兽柄虎流三足铜匜

器为侈口，流呈虎形椭圆短管状，深腹，椭圆底，下具三条兽首纹蹄形足。器柄为兽形。腹饰三角云纹。底外有铸造浇口"T"字范痕。

7. 乳钉六环三足铜敦

该敦由器、盖组成。器为侈口折肩，腹部饰对称双环耳，间饰乳钉纹。底部具三小蹄形足。盖顶有四环耳，间饰乳钉纹。盖缘饰三个定位边卡，使器盖稳合在一起。盖沿外折。

8．弦纹环耳无足铜敦

侈口束颈，平底无足。腹外附双环耳间饰二周弦纹。盖顶隆起，上有四环钮，盖沿铸三个定位边卡，与敦口相扣合。外底部有锈结痕迹。并有一道铸迹。

9．夔鳞纹双夔虎耳铜罍

圆体敞口深腹平底式，方唇，束颈内折，广肩，肩部附一对夔食虎形环耳。虎呈回首状。虎后半身被夔龙吞食，夔后肢作蹲踞式，成拱形立耳，内套圆扁环。肩腹部纹饰分两层次，主纹为夔纹和鳞纹。

10．嵌松石凤鸟纹提梁铜壶

壶分盖器两部分。盖为平顶内扣口，上铸小鸭三只，其中两只亡佚。壶为直口略侈。肩部对称铸设两环系三节提梁。肩、腹部用双绳箍分为上下两层。上层分为四部分，各部分别饰大、小两只相同的凤鸟，鸟眼、身、尾镶有绿松石，腹部双绳箍的交叉部位分别嵌饰松石一颗，底为圈足。

11．弦纹附耳三足铜鼎

直口，附双耳，深腹圜底，下附三蹄足。腹中部有一道凸起弦纹。盖略鼓，盖顶呈六支柱环形捉手。

12．龙纹鸟形盖环耳三兽足铜鼎

鼎为平弇口，短颈内弧，深腹，腹外壁附双环耳。盖呈椭圆形，顶中心设一环钮，周围排列三只鸟形钮，盖顶饰掐丝龙纹。顶边凹一周狭边，折边斜下，侧较宽。腹下承三兽足，兽首双目为嵌坑。内有焊痕。

13．夔纹附耳三足铜鼎

弇口，附双立耳，浅腹，腹部饰一周夔纹，平底。下承较细的三蹄足。三足间有线状铸痕。

14．出鼻梁人面纹平裆三足铜鬲

器为外折沿平口。腹部饰三凸起出脊至足外侧，与腹壁线刻眼睛组成人面纹。平裆，分裆袋足，三足间有弦状铸痕。

15．蟠虺纹附耳三兽足铜鼎

器为侈口，方唇，狭缘较斜，在缘下弧形壁上饰一周云雷纹和一周三角勾云纹，两侧附直立耳，耳饰蟠虺纹。腹上部饰两周绳索纹，间饰一周蟠虺纹；腹下部饰一周蟠虺纹和一周蝉纹。下承三只兽首蹄足。

16．变形几何兽面纹环耳铜敦

敦由盖、器两部分组成，体呈椭圆球形，盖部有三耳，盖纹饰从顶至口缘分四组，各组纹饰由宽带相隔。第一层饰旋涡和乳钉纹，外饰一周勾云纹；二层饰勾连云纹；三层为三角几何兽面纹；第四层是雷云纹地上饰S纹。器缘有双环耳。器腹饰有两组，与盖第三、四组纹饰基本相同，周身饰精细的三角几何兽面纹，器下具三足。

17. 镂空双虎首龙纹扁茎角格铜剑

剑首为双虎形镂空，虎成卷屈状。扁茎，方框内饰S形龙纹，两面各饰双龙，兽角形格，脊凸隆。从微凹。

18. 镂空双虎首龙纹扁茎角格铜剑

剑首为镂空双虎式，虎呈相对卷曲式围成椭圆形，虎臀接剑茎。扁茎正背面均饰方框，正面框内饰双龙，背面框内饰双鹿。兽角格，剑脊突隆呈直线，中腊收狭。

19. 橄榄形首扁茎角格铜剑

橄榄形首为焊接榫卯结构，中有一穿，穿左右排列五道曲波纹。扁茎，中有一凹槽，槽中突脊，槽内两边饰曲波纹。角形格。剑脊隆起，两从斜出，从有暗脊略隆。

20. 连体螭环首菱纹扁茎角形格铜剑

剑首呈连体螭环形。扁茎略鼓，上饰网状菱纹。兽角形格。剑脊垂直突隆，中锷微凹收狭。

21. 橄榄形首绳纹扁茎横格铜剑

铜剑。橄榄形首，斜绳纹椭圆形扁茎，长方形横格略薄。剑脊垂直突隆，前锷微凹，收狭。

22. 銎首扁茎带鼻柱脊剑

铜剑，首为宽折沿圆銎，扁茎，茎侧出一鼻，无格。斜从，柱形剑脊圆隆，薄腊，前锷收狭。

23. 三穿直内铜戈

铜戈为圭援长胡式。援体狭长，端部圭形。胡下延甚长，上有三穿及阑。直内上有一穿，四穿均为长方形。

24. 狭援胡三刺长内铜戈

戈援呈柳叶状，后段狭较宽，弧收成锋，上下刃均呈狭锷弧弦状凸脊，胡较狭并有三刺，阑为弦状隆起，内较长，中设一穿，末端上斜呈锐角状。

25. 虎形铜环饰

圆环上立一镂空形虎。正面略拱，眼、鼻、足、尾均有嵌孔，背面略凹，并有一穿。

26. 兽首螭形双脐铜带钩

带钩兽首较扁，螭尾向一侧弯卷成钩首。钩体呈螭形，螭呈卧伏，螭首从上往后弯曲，嘴与背相贴。带钩背面呈凹形，前后各附一钉柱似螭的双脐。

27. 虎形铜牌饰

牌饰，虎形。呈向前走状。虎尾卷成一个透孔。虎身有六个圆嵌孔。背面有双鼻。

28. 马形铜牌饰

牌饰呈马形伏卧状。胸、腹、尾有三处镂空。马鬃用锯齿纹表示。正面凸，背面凹，背面有双系鼻环。

29. 虎形铜牌饰

牌饰。虎形，呈向前行走状，虎尾与后足相连形成一孔，眼、鼻、足、尾均饰七个嵌孔，背面有双穿。

30. 虎形铜牌饰

牌饰为虎形，两肢均呈向前曲卧状，形成三个透孔。正面凸，背面凹，背面饰有双鼻。

31. 龟形饰

龟四足张开呈爬形。目、足用阴线刻划纹饰。背部分别设2穿、4穿。

32. 蛙形连体珠纹铜牌饰

圆形，镂空纹饰。中央饰一只青蛙，四肢张开，背部有一圆孔。外围边框缘饰一周连珠纹。背面平素，上部有一鼻环。

33. 螭形双鼻铜马镳

马镳呈弯曲螭形。前端为螭首，嵌孔饰眼、鼻，尾部卷曲为环形。正面隆起有微棱，背面有双鼻。

34. 双马首两穿铜马镳

马镳呈弯曲蛇形。两端均为马首，正面两端均细刻马面纹，背面平光素面，有双穿。

35．虎形双穿铜马镳

马镳为扁长形中部略弯，近两端各有一穿。一端呈虎首及前身，另一端是虎尾及后半身。虎尾上翘，两爪均屈前，呈握环状。

36．镂空兽首辖素面铜车軎

铜辖车軎。辖为长条形，一端为镂空兽首，另一端呈圆孔状。辖插入軎孔中，用以固定在车轴两端。軎呈长筒形，銎口宽沿，筒外壁棱柱状，素面。

37．透雕双马带环铜车饰

车饰呈椭圆形銎口杆头状。銎口壁有双圆孔，口上伸延为柱，柱两侧有透雕双马，挂顶为绳纹圆环。

38．镶嵌禽首琵琶形铜带钩

钩首为禽首形，较小，钩体弯成宽带状呈拱形琵琶。钩上饰掐丝"山"字形纹、菱线纹、璧纹，并有嵌坑。背面设一柱钉。

39．镶嵌蛇首琵琶形铜带钩

钩首呈蛇形。钩体为琵琶形，正面拱凸，上面由菱形框相隔三只兽目，间饰花蕾蔓枝和乳钉纹，并镶嵌绿松石。体侧嵌银丝卷草纹。钩体背面平素弧弯，中设一矮柱钉。

40．马形铜饰

铜饰。镂空圆雕马形，立式，四足集聚在一块长条横板上。长尾，部分鬃毛呈齿状。马首、腹中空，嘴鼻透空。浇铸。

41．素面铺首衔环弹形铜壶

带盖双环耳弹形圈足附勺式。盖有四立环系，盖顶饰三个套圈弦纹，中心饰有一点。壶体为直口略内敛，深腹，器口部向下略鼓渐收束于足部。整个壶体呈弹形。勺为环首，长方椭圆体浅杯式，长直柄，与勺头连接的柄部略凹曲。

42．素面米字箅铜甗

器分甑、釜两部分，合称甗。甑为广口宽沿，上腹饰三周凸弦纹。箅，镂空多条孔近似米字，釜为短直口，扁球形腹。平底，底边有凸脊沿。

43．弦纹附耳三足圆铜鼎

分器盖两部分，盖顶拱形，上设三个立环，同时饰有钉柱，折边，侧面斜且略高，斜缘。器为弇口略敛，肩饰凸弦纹一周，腹部附双耳略曲。腹中部饰凸弦纹。圆底，下承三蹄足。

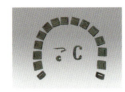

44．鎏金双凤纹铜带铐（一套：13件）

铜带铐共13件，形制相同，呈正方形，带挎正面饰双凤纹、冬青叶纹和边框，下边饰一长窄条形"古眼"孔洞。正背面均挂鎏金。另外有附属物：带扣、带钩、云钉各1件，铊尾2件。

45．单柄三足荷花纹铜盆

盘口为折沿略宽，台形，中有一孔。圆腹渐收，平底，盘内底部饰一幅荷花图案。中间荷花盛开，左右饰莲子和莲叶，下面荷叶衬托。

46．夔纹双龙耳铜壶

长方口内敛，扁体，垂腹，圈足。颈部附双龙耳，并饰四虎纹。肩、腹部均饰夔纹，足饰叠式云纹。圈足。

47．精制玉堂清玩铜宣德炉

器分炉、座两部分。炉呈双耳圆体三足式，外底部有正方形款识："玉堂清玩"，阳文篆书。木座呈荷叶形。外底平素，下承矮足。

48．长子宜孙连弧纹铜镜

镜呈圆钮薄体式，背中心为半球形圆钮，柿蒂纹钮座。蒂叶呈针状，四叶间饰铭文："长子宜孙"四字，篆书。外围一周八内向连弧纹带。宽缘斜边。

49．柿蒂连弧纹铜镜

镜面略凸。镜背钮座为四叶钝角柿蒂纹。座外为八内向连弧纹带。宽缘斜边。该镜纹饰简洁庄重，拙朴独特。

50．位至三公双凤铜镜

镜面略凸。镜背中央为一半圆球形钮，中穿一孔。钮的上下分别饰有"位至"和"三公"四字铭文，钮左右分别饰凤鸟纹，文字与凤鸟之间由线纹隔开。主纹外饰弦纹、斜线纹，宽素缘略薄。

51．刻铭连弧纹铜镜

镜面微凸，背面中心有一半球形圆钮，圆钮座周围饰一周弦纹、一周12角连弧纹，二周栉齿纹间饰铭文："内清以昭明，光象夫日月。中间夹有九个"而"字，边缘较为宽厚平整。

52．八乳规矩纹铜镜

镜呈圆钮厚体式，镜面略凸，镜纹饰分为内、中、外三区。内区中央为一半球形圆钮，柿蒂纹钮座。外围一凹形宽边方框。中区沿方框一周饰八个乳钉纹，间饰T、L、V形规矩纹和卷叶纹，一周斜线栉齿纹。外区在镜缘上，饰二周锯齿纹，由一周弦纹隔开，边饰一周弦纹。

53．禽兽葡萄纹铜镜

镜面微凸，镜背纹饰分内外两区，高弦纹相隔。内区中心兽钮呈伏卧状，腹横一穿，周围饰六只禽兽及葡萄枝叶。外区为禽鸟、昆虫及葡萄枝叶纹。狭缘高耸。

54．菱花鸾凤绶带纹铜镜

镜呈八瓣菱花形。镜面微凸，镜背纹饰分内外两区。内区为中心圆钮，周围饰四只鸾凤，喙衔绶带，外区饰花卉、昆虫各四只，相间分布，在昆虫旁有"上"字方位铭文。缘较狭，斜边。

55．双凤纹方铜镜

方形，背有圆钮，钮左右各饰一只凤鸟，首尾相接，宽缘。

56．四凤花卉纹亚形铜镜

镜呈圆钮亚字形。镜体较薄，背面中心为半球形钮，座呈花瓣形，主纹为四凤花卉纹，钮上部饰双凤同衔一绶带，钮的左右饰展翅凤鸟，主纹外侧饰一周乳钉纹，镜边缘竖式阴刻铭文："新城官押"四字。

57．柿蒂连弧纹铜镜

铜镜正面平光，略凸。背面中心有一圆钮，呈柿蒂纹四瓣钮座，外围饰一周栉齿纹，一周宽弦纹，内区依宽弦纹外饰花瓣纹、花蕊纹各四朵，外区饰雷云纹。宽缘平光。

58．五菊纹铜镜

圆形，背中央为圆钮，二十五瓣花纹钮座，在花瓣形钮座外饰有四朵菊花。镜缘为外高内低的耸弦纹，中间凹弧。

59．四乳禽鸟纹铜镜

镜为圆形，圆钮座外饰直线纹、曲线纹、宽弦纹。主纹为四对禽鸟，首喙相对，每对鸟间饰乳钉纹，同时饰有铭文："青马"二字，主纹由内外弦纹相框，并饰斜栉齿纹。镜缘较宽。

60．四乳家常富贵铜镜

圆形，宽弦纹钮座，主纹由双弦纹相框，为四乳钉与"家常富贵"四字和八只高冠鸟，相间排列。镜缘宽平。

61．文王访贤纹铜镜

铜镜圆形，正面平光，背面中心有一圆钮，主纹为"文王访贤"故事纹，镜钮左边有一棵树，树下跽一老人，右边站立一人呈牵牛状，手指向老人。宽缘略弧，缘内有一周凹弦纹。

62．花形洛神纹柄铜镜

花叶形带柄。在镜背部饰有洛神故事纹，在祥云缭绕间，洛神由侍女手擎华盖，侍童手捧吉祥物簇拥着飘然而下，三人锦衣广袖。洛神发髻高耸，罗衣绸裙，锦带飘曳，拱手向前。长方形柄，柄为素面。

63．葵花形摩羯纹铜镜

铜镜，正面凹光，背面中央有一圆钮，纹饰呈浅浮雕状，主纹为一只摩羯仰卧在钮下，首在镜钮右侧吞衔镜钮状，身披鱼鳞，有耳，卷席状双翅。外边缘趋圆斜。

64．摩羯纹方铜镜

镜呈方形，正面平光，背面中心有一圆钮，纹饰为一只摩羯首在钮左，呈回首吞镜钮状，身躯由上至下顺时针环绕镜钮一周，生双翅，身披鱼鳞，饰扇形鱼尾，周围饰有水波纹，平缘。

65．菱花形双凤纹铜镜

铜镜呈菱花形。正面平光，背面中心有一圆钮较小，两周连珠纹钮座。主纹饰双凤纹，双凤头尾相接，展翅飞翔，外饰八朵祥云纹，与镜缘八瓣菱花对应。

66．摩羯纹铜镜

圆形，背面中央为一圆钮。主纹为两只摩羯，形状为龙首、蛇身、鱼尾、鸟翅，摩羯在水面腾飞，并饰有两朵祥云。狭镜缘。

67．六鹤同春纹铜镜

圆形，背面中央为一圆钮。主纹为六鹤在自由飞翔、衔羽、啄食、休憩，散布于青竹、芭蕉、美石、水草之间。宽平镜缘。

68．刻线八宝纹双钮铜镜

镜呈圆形，圆钮。主纹为阴刻线纹，图案中央饰双弦纹圆圈，圈内有一梵文、灵芝草、莲花，周围用双线分割出八个单框，框内饰八吉祥图。

69.刻铭五子登科铜镜

圆形，在镜钮外对称饰有四个凸起方框，框内刻有楷书铭文："五子登科"四字，间饰花卉纹。外饰一周弦纹，缘窄。"五子登科"典故出自后周窦禹钧教子有方，他的五个儿子仪、俨、侃、称、僖先后考中进士的故事。"五子登科"作为典故文饰，在明代的铜镜才开始出现。

70．共保千年花卉纹铜镜

圆形，背为圆钮，纹饰分内外两区，内区饰连珠纹宝相花、花瓶图案；中间由一道凸弦纹相隔。外区刻有一周铭文共33字，另饰一周花卉图案。缘上饰一周草叶纹，耸缘。

71．勾当公事闻字号铜印

呈长方形直钮，印面为正方形，铸阳文篆字："勾当公/事闻字/号之印"。印背钮右阴刻竖行："贞祐二年二月"；钮左阴刻竖行"礼部造"；钮上阴刻"上"字。

72．环钮长方郭押铜印

该印呈扁体长方形，环钮。印面竖式铭文"郭押"二字。

73．环钮人物押铜印

印为人物形钮，人物似"麻姑献寿"，麻姑呈立状，头束鸡冠形髻，足下承长方形印面，印面较薄，印为阳文花押一"李"字，印文较深。

74．直钮银锭形铜印

直钮方形，中有圆孔。银锭形印面，呈两端圆弧，中间束腰内弧。印文为阳刻，双弦纹框，竖铸真书："李"字，下有一花"押"。

75．直钮方铜印

正方形薄体直钮，方形印面，铸阳文篆书："总领都/提控印"。两行六字，印背右有一行竖式阴文纪年，已漫漶不清。

76．皇甫方钮六棱铜权

该权体呈扁平六面体，方环钮，环为四棱，中间圆孔，孔上有一凹纹，束腰，六角形底座，正面中部阴铸铭文："皇甫"二字。背面中间阴铸"南京"二字，真书。背面腰部有一孔。

77．方钮圆体铜权

呈亚腰圆柱形，方钮，圆形底座。正面铸铭文："皇甫"。背面铸铭文："南京"。"皇甫"为官署指定的专门从事铸衡器作坊的特定标记。

78．至元廿三年造方钮六棱铜权

权体呈宽体六面形，方钮，束腰，六角形薄底座。权身正面铸双竖行铭文："保定路/至元廿三年"；背面阴铸铭文："官造"铜权侧面铸铭文："工"字花押。

79．延祐二年留守司造方钮六棱铜权

权呈扁平六面体，方钮，束腰，六角形厚底座。，权身正面铸双竖行铭文："延祐二年/留守司造"；背面铸双竖行铭文："一十六斤秤/官押卅六"其余四面分别铸波斯文和回鹘蒙文"一十六斤秤"及"一斤锤；座周铸缠枝纹。

80．景云年龟座刻铭弥勒铜立像

铜造像。单身立式弥勒佛，头盘高髻，身着通肩大衣，两手下垂。赤足踏覆莲座，座下饰如意云纹方座。弥勒身后为碑形背光，上饰火焰纹。背面刻铭文四行，三十六个字，楷书。碑下为龟座。

81．鎏金释迦铜坐像

该像为独尊式。释迦牟尼袒左臂结迦趺坐式。头顶肉髻，身着褒衣博带，衣服边饰刻草叶纹。座为三边圆角形，仰覆莲座，座面饰荷叶纹。鎏金。

82．鎏金踏双象座六臂明王铜像

六臂明王像。像座分为两部分。明王身垂飘带，上身袒露，素缨络，手中各执宝物。下着长裙，赤脚踩在两个象首神身上。象首神为象首人身，呈曲肘膝爬伏状。座为椭圆形，鎏金。

83．鎏金方座菩萨变体铜坐像

铜造像。半趺坐。右手施说法印。帔巾从头后绕过两肩下垂，裸上身，戴璎珞。座为长方形束腰须弥座。座背素面。座正面上半部饰荷花，下半部饰宝相花、枝叶。

84．鎏金三头八臂菩萨铜坐像

菩萨座像齐额短发，头顶有一孔。左、中、右三头紧连一体，上身袒露，饰缨络。下着长裙，裙边有花叶纹。铜像为结跏趺坐式。一身八臂。座为圆三角形仰覆莲座。内底有三扣。

85．鎏金方座罗汉铜像

铜造像。单尊坐姿，身穿袈裟，结跏趺坐。光头顶，手施禅定印。长方形高座，上铺卷草纹毯，弧状两层座壁，上饰葵花纹、莲花纹、花卉纹。座后壁素面。

86．鎏金圆座罗汉铜坐像

该罗汉丰满体胖，呈半跏趺坐。左手捧一鲜桃；右手拿一桃核。上身着煲衣搭于两臂，裸肩至腹部。腰束长裙，衣裙饰吉祥花纹。赤足。半圆形座饰满六瓣花，座底边出一基箍。

87．鎏金吉祥天母骑兽像

铜像。是西藏嗽嘛教式造像，该器为通体鎏金，毛发为红色，怪谲横坐在兽上，饰有双眼，吉祥天母头发呈火焰状上饰星月莲花。三只眼，肚脐处有"月、王"字。吉祥天母是主司命运、幸福之神，是拉萨城的保护神。

88．鎏金宗喀巴铜坐像

该像头戴尖顶披肩黄帽。结迦趺坐。双手结说法印。上身穿袍右臂袈裟，左肩另搭一轮袈裟。袈裟饰吉祥花草方格纹。两臂侧生出莲华插座。下身着长裙，裙边饰两层六瓣花纹。座为蒲团形狮子座。座边饰一周乳丁纹。底空无盖板。宗喀巴，藏传佛教格鲁派（黄教）创始人，于明成祖永乐七年（1409）在西藏弘法。

89．漆金释迦铜坐像

独尊式。为释迦牟尼袒右臂结跏趺坐式。头顶肉髻。身着褒衣博带。底座为仰覆莲形，通体漆金。释迦牟尼安怡慈祥，长耳垂肩。

90．鎏金吉祥天母骑龙铜像

铜造像。独尊式。吉祥天母侧坐于龙背上。头发呈火焰状，上身袒露，戴缨络，披带，着短裙，赤足。龙呈行走状，回首张口，身披鳞，有脊鬃。腹部有孔洞。龙尾上翘，后有五叶状尾。通体鎏金。

91．永乐七年九月造三箍铜炮

该炮呈长圆单炮管，炮膛略鼓，中设三道箍，膛上设引芯盖基座，引芯孔径0.2，炮口沿座銮沿卷唇，炮管两箍间铭文："英字三千五百六号，永乐七年九月 日造"，十六字，真书。

92．永乐十三年九月造三箍铜炮

该火铳呈长管，短圆膛，通身铸三道箍，炮膛和炮座底边卷沿加厚，炮膛上铸引芯扣盖基座，盖缺，炮筒上两箍间阴刻铭文："奇字一万二千三百六拾七号，永乐十三年九月 日造"，二十一字，真书。

玉　　器

1．白玉剑珌

素面，中腰略收，横截面两端均呈梯形。在与剑鞘末端连接处有三个圆孔。玉为白色间杂赭色。有血浸。玉珌是装饰在剑鞘末端的玉质品。

2．白玉剑璏

玉璏呈长方形，素面。正面两端向下内弯曲微收，器下部一端有长方形穿孔，为穿挂之用。玉质白中有绿、褐、灰酱色。璏是鞘中央可供穿插的剑扣。

3．八棱白玉环

呈八棱环形。玉质有土沁，呈白色泛黄，为斑驳的的土白色。环属壁类，是一种特形璧，用于礼器，佩饰、馈赠及随葬。

4．透雕云龙纹长方形玉带饰

带饰呈长方形，透雕云龙纹，龙曲颈扬鬃，鳞脊素身，细腰翘尾，四足屈曲，周围卷云纹，表面抛光。

5．龙首伏螭玉带钩

呈宽身琵琶形钩体，板上浮雕一曲螭，伏卧状，钩雕成龙首，背有一圆钉柱带钩，呈白色，钩首螭体表皮有黄、红锈、白杂色。匠意巧做。

6．透雕双螭纹嵌饰

呈椭圆形扁体，正面透雕凸起双螭，曲屈爬伏在花枝上，双螭相视。该嵌饰为杂色棕白玉，有萝卜性和冰裂纹。

7．龙首浮雕螭纹玉带钩

呈琵琶形钩体，板面浮雕一条曲螭，呈三尾，口里衔如意灵芝，背有圆柱钉。带钩为白、黄褐色，钩首、板钉为黄褐色，表面光亮柔和，背有少许芦花性。

8．浮雕龙首螭纹玉带扣

玉带扣为钩 、扣两部分，上均浮雕蟠螭纹，钩为龙首。钩、扣背面有一扁条形穿带。正面纹饰为褐色，属巧作。

9．白玉带铐

该套带铐共13件可分四式，Ⅰ式带2件，近似长方形，一端呈半圆形。Ⅱ式7件，长方形，Ⅲ式2件，桃形。四式两件，长方形。玉带孔分别在器背面四角边或中心部位。孔数2至5个不等。正面均呈抛光，素面。

10．镂空地浮雕并蒂莲如意嵌饰

嵌饰呈椭圆形，镂空地。主纹为浮雕并蒂莲，首尾环结，镂空地呈结网纹，玉质青白色，油脂光泽，狭缘略高。

11．浮雕龙首螭纹玉带钩

琵琶形钩，上附一条曲螭，腹下透雕，凹式，背设柱钉一个。玉质较纯，白中闪青。龙首及钩板为青白色。

12．乳钉纹双耳玉杯

平直口，内折，垂腹平底，杯两侧附双耳，耳连接口沿处为一凹槽，圈足，腹部饰有均匀乳钉纹。杯为淡绿色，有萝卜性和冰裂纹。

13．双龙耳玉杯

杯为敞口，垂腹平底，圈足，双龙耳连接口与下腹部，呈龙口衔杯状。玉杯为青白色，杯身有较多的冰裂纹，并有黑褐色杂质。

14．双龙耳玛瑙杯

杯呈敞口，双龙耳连接口与下腹部，呈龙口衔杯状，圈足。龙首长方形，龙尾呈翘兔尾状。有黄褐色带。

15．素面碧玉碗

敞口，矮实足，碗壁和足底较薄，素面，内外均磨光亮。碗为碧绿色，有芦花、萝卜性，油底状杂质。

16．透雕蝠寿纹玉佩饰

佩饰呈薄体蝠形，透雕一只蝙蝠，尾部趋于角形，翼边饰卷云纹，蝙蝠下部饰圆形线刻"寿"字。蝠尾有一朵祥云。青白色玉。透明柔和，表面光亮。

17．透雕蝴蝶纹玉佩饰

整体趋向于半圆形，呈透雕蝴蝶展翅状。正面刻划细部纹饰，并取地较深，纹饰非常突出精细，蝶翼周边饰十个"万"字。玉为白色，微发青。

18．透雕蝠寿有鱼纹玉佩饰

玉佩上为一只透雕蝙蝠，展翅下俯，中心饰篆体"寿"字，左右各饰一条鱼，器下部饰透雕花卉卷叶纹。玉佩呈青白色，表面光亮，玉质纯洁无瑕。

19．透雕双龙寿字纹玉佩饰

圆形薄体，透雕，中心一个篆体"寿"字，环绕字间饰如意纹，玉佩周边饰曲卷双飞龙纹，细部阴线勾划。青白色，表面光亮。寓意万寿如意，龙腾吉祥。

20．透雕蝠寿如意纹玉佩饰

呈椭圆形薄体，透雕纹饰，玉佩上部饰一只展翅蝙蝠，蝠下饰"寿"字，边绕如意纹，玉佩外围一周凹心连珠纹。佩饰青白色，正面抛光，背面平素。

21．透雕双蝠捧寿玉佩饰

该器为透雕，中间饰一"寿"字，左右饰双蝠和方孔圆钱，细部刻划纹饰。此玉为青白色，正面光亮，背面平素。

22．透雕喜字双龙纹玉牌饰

长方形委角，扁体上部饰云纹，龙形双弦纹环绕牌中心饰"喜"字，两龙后足相接成穿孔，龙须之间呈一穿孔。此器为青白色，两面均呈抛光和刻划纹饰。

23. 透雕双龙纹斋戒玉牌饰

长方形，透雕，正面线框内刻"斋戒"二字；背面刻饰蒙文"斋戒"二字，外围饰双龙纹，龙首相吻与牌上部，尾相交于牌下部。青白色，角部有少许黄色。斋戒是佛教术语，洗心曰斋，防患曰戒。

24. 透雕喜字杂宝纹玉佩饰

玉为长方薄体形，玉中心上部饰"喜"字纹饰，下部饰一蝙蝠，左右饰八宝中的盘肠和笙，外围一周凹心连珠纹。背部有挖痕。佩饰白色温润。

25. 透雕玉堂富贵白玉锁

该器为扁体锁式，长方形委角上边为圆柱形锁扣，扣两边呈透雕卷缘回形，下面透雕"玉堂富贵"四字，篆书。周围衬托荷叶枝蔓。玉为白色。

26. 透雕福在眼前叶形玉嵌饰

嵌饰为透雕蝠纹、方孔圆钱纹、枝叶、风筝纹。纹饰均呈高浮雕。边沿略低，为花边连弧纹，背面中部下凹。该件为青白色，叶子形。

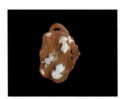

27. 巧做荷叶青蛙玉坠

根据玉料巧做，酱色玉片雕成一片荷叶，一侧有一朵荷花，茎枝在荷叶背弯曲，于叶侧弯成一环，用来系坠。在荷叶上三块白玉中雕琢三只青蛙，三首相对。两大一小，荷叶边翻卷上翘，叶中有一小圆坑。

28. 花形圆柄玉勺

该器呈花形勺，壁呈四瓣，边沿取薄，略侈口。底部花蒂为四瓣，向柄部展示出一叶，圆柄弯曲，与勺相连处有一小叶，柄部即花茎状，柄顶端呈四叶束扎球状。玉勺为淡绿色，有萝卜性。

29. 透雕人物故事玉扁簪

簪从上至下饰有如意纹、盘肠和一组人物故事纹，簪饰三人物为：一身着长衫的男子头戴弁帽，另一男子身着宽袍，手持一扁状物，女子身着短衫，手端棋盘状物。板下有一菱形纹，下接长针。簪首为勺形。玉为青白色。

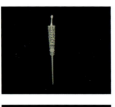

30. 透雕金山宝塔玉扁簪

弯柄宽板长针式。透雕板饰有云纹、密林环抱的五层宝塔。接饰头戴草笠和尚，手抱山石，石上自右向左阴刻楷书"金山"二字，簪针两旁饰如意纹、菱纹。玉为白色。

31. 透雕八仙玉嵌饰

共1套8件，趋于长方形薄片状。均为站立式，八仙有汉钟离、张果老、吕洞宾、李铁拐、韩湘子、曹国舅、蓝采和、何仙姑。他们手中各持宝物。姿态各异，纹饰细致入微。背面平光。

32．龙首素面玉带钩

曲棒形钩体，板面圆隆厚重，曲钩雕成龙首。钩背平凹，中设一圆柱钉，柱根部有一周弦纹。玉白色中发青，有芦花性，龙首有黄杂色。表面光亮，玉质透润。

33．龙首花卉纹玉带扣

器为圆委角薄体长方形。钩雕成龙首，扣呈长方形，正面隆起，边框内浅浮雕花卉纹。背有扁条形带穿。白色玉背有少许杂质。

34．透雕人物纹玉佩饰

长方形薄体，透雕。玉佩左右各饰一男童，两童分别手持莲花与荷叶。周围配以祥云、山石等。白色，温润纯洁，表面光亮。寓意"连生贵子"。

35．透雕葫芦形白玉坠

透雕，蔓枝缠绕垂首三只葫芦，整个佩饰呈垂袋形略薄。葫芦中间饰两片叶子，阴刻叶脉，边缘呈垂直状。白色略泛青。

36．透雕童子持莲纹玉扁簪

簪为扁体宽板，簪带略有弧度。如意云纹簪首，童子持莲纹板，中站一童子头结髻，左手持莲。簪带末端呈圆形。玉簪为青白色。

37．透雕花卉纹玉香囊

香囊由两片透雕花卉纹玉包合，玉片叶椭圆带四委角，外隆内凹，玉片夹层有一粉色绫包，内装香草。香囊上系黄丝绳穿一珊瑚珠，结一圆结，下穿一珊瑚珠，垂包及带穗。

瓷　器

1．黄釉席纹双系执壶

壶为唇口，圆肩，直腹，下腹渐收，饼底。壶肩部饰有一弦纹短直流，执柄连接颈与肩部，柄、流之间附双耳，壶上腹刻划着规格的席纹。器外壁施黄釉不到底，下腹至足部露胎，胎釉较粗。

2．磁州窑白釉黑彩牡丹纹梅瓶

瓶蘑菇口，短缩颈，溜肩，平底。器身对称绘有牡丹莲枝纹花卉，绘画自然流畅，釉色乳白，釉质莹润，制作精细，实属磁州窑精品

3．东窑青釉刻花牡丹纹执壶

器为平直口，长颈，壶流设肩部，颈至肩部饰曲柄。折肩鼓腹，圈足。壶身腹部刻牡丹花卉纹饰，有浮雕感，此器胎质细腻，釉质晶莹润泽，胎釉结合紧密，釉为淡青色

4．耀州窑青釉刻花缠枝菊纹碗

碗为撇口，斜直腹，圈足。碗外壁刻有均匀直线纹，碗内底部饰团菊纹，周壁刻有缠枝菊花纹，器内外均施青釉，此碗刻花刀锋犀利，精雕细琢，胎釉细腻，莹光润泽，确属耀州窑佳作之品。

5．白釉八棱瓜形带温碗注壶

该器由壶、碗两部分组成。壶为八棱长颈，平口，口沿内八角加剔取薄，肩部为八棱双叠式，流、柄对称位于肩部，流程七棱曲形。壶腹为八棱有脊式，腹部有对接痕迹，下腹一周宽带接于圈足，圈足呈八棱形，较浅，底部有三道凹弦纹。壶盖呈八棱形直撇口，顶端为11瓣锈球式，下托八瓣瓦形叶片，呈八棱双叠式。温碗口沿略外撇，为八棱深腹式，碗胎有轮制弦纹，圈足较深，稍外撇。该套温碗注壶胎体细腻轻薄，器内外均施白釉，胎釉衔接紧密。器物造型精美，釉色莹润，实属辽代瓷器佳品。

6．白釉桔红彩花口盏托

器为葵花形折沿内卷直口，面凹，内底凸起，圈足。口宽缘处均饰桔红色三角纹，器内底部中间饰桔红彩六瓣花卉纹。胎质细腻，器施白釉闪青，足部露胎。

7．白釉葵花形碗

碗为敛口，六棱形，斜弧腹，圈足，碗内外均施白釉，胎体坚硬。

8．绿釉团龙纹马蹬壶

该壶带盖，唇口，短直颈，与口平行部位中凹，并有两穿带用的小孔，器身上扁下鼓，呈马蹬形状，凹底。两侧壶腹中部分饰堆剔凸起的团龙纹饰，在龙下部刻有卷草纹。壶施绿釉，外底部露胎。

9．绿釉鱼形水盂

器口荷花形，双鱼眼较突出，鱼身刻饰均匀的鱼鳞纹，在足部有四个鱼鳍，平底，盂为绿色釉，底部露胎，胎质稍粗。

10．绿釉花口堆花云耳带环瓶

器为荷叶形堆花口，长颈，溜肩，扁体长椭圆形腹，下腹收束，足呈扣碗状。颈部附堆贴卷云双环耳、花叶纹饰，在颈与肩相接处饰有三道堆贴彩绦纹，彩绦从肩两侧延伸至足上部，腹部堆贴黄色菊花，间饰绿叶，足部饰堆花。瓶内及足内均不施釉，胎为白色，胎质较粗。

11. 白釉堆贴人物魂瓶

瓶口为蒜头状，长缩颈，圆肩，鼓腹到下部渐收，足部外撇，浅圈足。颈上部饰一道棱纹，颈下至肩部堆贴7个人物，肩部饰有6个乳钉纹。此器胎质坚密，釉为白色，施全釉。

12. 白釉唾盂

盂为撇口，上半部呈碗状，缩腰，下半部为葫芦形，浅圈足。器内外均施白釉，足底部露白色胎体，胎釉结合紧密，釉色洁白细腻。

13. 钧窑碗

收口，斜腹，圈足，足底斜削。釉为青中带紫，釉质浑厚，浓润，碗内挂全釉，外壁施至足上部，呈蜡流状，下腹及足部露胎。此器瓷质细腻，胎体厚重。

14. 钧窑窑变双环兽耳折腹炉

器为唇口，缩颈，肩附双兽耳，扁腹，平底，底承四足。为窑变天青红釉，底部露胎。

15. 酱釉双系罐

撇口，折沿，短缩颈，双耳连接颈肩部，削肩，坠腹，浅圈足，此罐酱釉挂满全身，足部露胎，胎质细腻，釉色银光亮丽。

16. 白釉赭彩龙虾祥云纹四系瓶

唇口。四系于颈部和肩相连结，鼓腹，圈足。在肩部绘有褐彩花卉及两道弦纹，器身刻绘云纹图案，在云中刻有随云飞舞的变形大虾，从整体纹饰感觉生动美丽。在器身下半部满施褐彩，器胎为灰色，胎体厚重，施白釉。该瓶在造型及绘画装饰上具有较明显的时代特征。

17. 白釉赭彩折沿盆

盆呈外折沿，敞口，斜腹，平底。盆内壁口与底部分别绘有两道弦纹，内壁腹部绘有四朵点褐彩连枝花卉纹饰，器内底部绘蕉叶纹，中心一"清"字铭文。盆施白色釉。

18. 白釉褐彩花卉罐

罐为直口稍收，丰肩，从腹至足渐收，内圈足，罐肩绘一周勾云纹，颈肩之间饰三道褐色弦纹，腹部绘有褐彩花卉图案。整体绘画用笔简练。器胎较密致，器施白釉。从胎体和造型看实属元代磁州系所烧制。

19. 白釉赭彩罐

器为直口微收，丰肩鼓腹，从腹到足渐收，内圈足，器身绘有葵花形纹饰，白色釉，内圈足，底部露胎，胎质较坚硬。

20．白釉黑花双系罐

收口折沿，短颈，溜肩，圆腹，圈足稍外撇。双系连接颈肩部，在肩与下腹部绘有三道黑色弦纹，在罐的腹部桧有黑色草叶纹花卉图案。器施白釉，足部露胎。

21．白釉黑花四系罐

器为唇口，缩颈，折肩，直腹下坠，圈足。四系连于颈和肩部，器身以三组黑彩双弦纹分隔为四部分，腹部绘有草叶花卉。腹上、中部分别绘黑彩草叶花卉纹，下足部露胎。

22．白釉褐彩双耳折肩罐

唇口，缩颈 折肩，圆腹下厓，圈足稍外撇。双系位于颈和肩部，双耳点褐彩，肩与腹下部分别绘有两道褐色弦纹，腹部绘有褐色花卉叶纹，器施白釉，足部露白色胎体。

23．白釉内府铭文梅瓶

器为唇沿小口，短缩颈，丰肩，至胫稍狭，足微丰，圈足。在器物的肩部饰有"内府"铭文二字。釉为白色，挂多半釉，腹下及足部露胎。

24．白釉堆贴盘龙观音魂瓶

器为洗口缩颈，直腹到足部渐收，浅圈足，在瓶的颈部有数道凸弦纹，同时堆贴一条盘龙，肩部一周堆贴着14个人物。器内口部于外壁均施白釉且带有开片状，瓶外釉挂至足上部，腹下及足部露白色胎体。

25．黑釉酱斑收口碗

碗为收口，弧腹，圈足稍往外撇。碗内外施黑釉，外壁釉挂至足上部，腹下及足部露胎，碗内壁黑釉中间饰五块酱斑。碗胎体较厚，釉质光亮。

26．青花婴戏高足碗

撇口，高足。碗内壁饰四朵王字形云纹，底部饰浪花纹。外壁饰婴戏图。足部饰海浪纹。碗内外施均施白釉，釉质细腻，胎体薄而坚硬，胎釉结合紧密。

27．青花葡萄纹菱花口大盘

盘为敞口，外折沿，菱花形，浅圈足。折沿处绘有缠枝花，内壁为十二组折枝花卉，盘内底部绘有葡萄纹饰，间以葡萄纹饰。盘内外均施白釉，外底部露胎，此器胎体细腻坚硬，胎釉衔接紧密，釉质洁白莹润。

28．孔雀蓝釉堆花葫芦瓶

瓶为束腰葫芦形，唇口，缩颈，浅圈足。腹部饰有堆刻的菊花枝叶纹，施孔雀兰釉。此器胎釉较粗，外底有无框式纪年款："大明万历年制"。

29. 蓝釉龙头刻花瓶

盘口，缩颈，折肩，鼓腹至胫部渐收，双龙耳呈弯曲状连接口肩部。瓶颈部饰一首凸弦纹，肩部两道弦纹，腹部饰菊花枝叶纹，胫部饰二道弦纹，器为内圈足，足底部露胎。

30. 三彩亭顶贴花三兽足炉

炉顶部为六楞脊柱亭形。边缘堆贴兽头，并刻有均匀凸楞纹。炉颈为镂空条纹式，腹上接颈部堆贴如意纹，器身刻有六个圆形福寿纹图案，同时均匀间饰十二枚五铢钱。器下部雕刻三兽足，足外撇，足下接三角底板。胎质较坚硬，施三彩釉。

31. 孔雀蓝釉出脊贴龙纹觚形器

为盘口，器上下对称贴龙纹，缩腰，腰中部凸起，有四条长棱，觚腰中部贴有长方块和条棱，器边缘饰回纹。该器胎体较坚硬，胎外施孔雀兰釉。

32. 黄釉青花双象耳瓶

器为撇口，缩颈丰肩，双象耳，下腹渐收，足稍外撇，圈足。腹部绘着工整精细的青花缠枝莲纹，颈足部饰有对称的四条凸棱，肩部象耳间亦饰对称凸棱。瓶施黄釉。此器胎釉细腻，釉色晶莹，器形隽秀典雅。足底有楷书款："大清雍正年制"。

33. 豆青釉里红堆蟠螭长颈瓶

瓶为长颈，直口，垂腹，颈、腹部施釉里红彩，同时颈与肩部堆贴一盘卷蟠螭，蟠的背部点有釉里红彩。施豆青釉，胎质细密，造型精美，釉色光亮。

34. 豆青釉盖罐

此器带盖，敛口，短颈，溜肩，腹部稍鼓，平底浅圈足，腹部对称饰有一月牙形耳。施豆青釉，釉色光亮，胎为白色，胎体较薄，胎釉结合紧密。足外底部挂釉，并有无框青色篆书方款："大清乾隆年制"。

35. 黄釉暗刻花龙纹盘

盘为敞口，口沿稍外卷，浅圈足，盘内底及外壁分别饰云龙纹，纹饰清晰精致。盘内外均施黄釉，胎为白色，胎体细腻较薄，胎釉结合紧密，釉质莹润光亮。外底款为"大清乾隆年制"。

36. 青花双凤牡丹纹将军罐

圆口，直颈，丰肩，鼓腹，腹下收敛，近底处外撇，平底内凹，罐颈绘如意云头纹，腹部绘双凤缠枝牡丹花卉纹，青花颜色艳丽。施釉肥厚，光亮润泽。

37. 豆青釉青花双龙纹鱼缸

敞口，鼓腹，圈足，器颈部绘有云纹亦饰火焰纹，腹部饰二龙戏火珠纹，下足部饰浪花纹。器内施白釉，外为豆青釉。

38. 青花缠枝莲纹大碗

敞口，斜弧腹，圈足，在碗内壁上部有"堂翼燕制"四字，碗外壁口部饰双勾云纹，器身绘有缠枝青花花卉纹饰，绘图清晰，色泽鲜艳，釉为白色，胎釉结合紧密。

39. 粉彩百鹿尊

直口，垂腹，圈足，肩两侧饰双鹿耳。通体以粉彩绘百鹿图，在山间、青松翠柏的衬托下，百鹿奔跑、依偎、憩息，各种神态生动自然。寓意"高官厚禄，祝福长寿"。

40. 霁蓝描金六棱方扁瓶

器为外卷沿六棱口，长颈，器身为扁方六棱形，浅圈足微外撇。颈中部附双兽耳，同时绘有菊花和竹叶纹，器身正面绘有山水、太阳、小亭和花草，背面绘有菊花纹饰，瓶六棱边分别绘有叶纹，所有纹饰图案均采用描金绘制。瓶身施霁蓝釉，此器胎体坚硬，胎釉细腻。

41. 唇口紫釉双鱼瓶

瓶为鱼口，瓶体似圆柱形，鱼眼为突起白色、器械身饰有鳞、脊。双鱼形象逼真。瓶施紫色釉。鱼是民间最常用的馈赠佳品，双鱼瓶寓意连年有余，和谐美满。

其 他

1. 嵌松石虎形金饰

虎呈行走状，口、颔部用线刻所示。眼、鼻、肩、臀、足、尾端各有一嵌松石孔。尾端与后肢相连。背面在虎颈、腰处有两条桥形鼻系。

2. 盘丝形金耳饰

金耳饰。呈细丝盘旋状，圆形同径环绕四周半。

3. 盘丝形金耳饰

金耳饰。呈细丝盘旋状，圆形同径环绕三周半。

4. 项圈金饰

项圈。呈薄片半圆月形，素面。两端有穿孔为系绳处。正面光洁净，背面多有斩痕。

5．项圈金饰

项圈。呈薄片半圆弧形，两端各有一圆穿孔。素面，光洁。制作工艺为浇铸、锤打。

6．包银錾花嵌宝石碗

该碗呈敞口垂腹圈足，胎体为木质，口沿和内底为银质包镶，银片上錾焊花叶纹，并均匀嵌有宝石花朵八组，每组中央一颗大红珊瑚珠，和四颗绿宝石。

7．观音童子象牙雕立像（民国）

观音高绾发髻，披长冠巾，身着褒衣，左手捧净瓶，插柳枝，右手施说法印，赤足。左足上立一位善财童子，双手合掌胸前。底部有暗盖，内有一张黄纸上书"观世音菩萨"五字。像下为木座。

8．白垩兽面驮立式陶骆驼

骆驼为立式，昂首平视前方。两驼峰之间负一驮袋，左右均饰兽面纹。腹部有一椭圆形空洞。短尾卷曲贴附于后肢左股上。四足直立于长方形底板上。泥质红陶，施白垩红衣。

9．堆贴人物塔形陶器

五层塔形，圆体中空，从下至上第一层为圆柱形塔基，两个对称方窗和堆贴四名对称蹲式大力士。第二层至四层均为平盘状，塔壁有窗和大力士，盘沿有侍人、武士、树叶、半跪的罪人堆塑物。第五层呈灯碗状。

10．绿釉女武将陶坐俑

女武将俑呈坐式。身披铠甲，戴将军盔，束围肩，腹裹镜，腰系皮带挎，双拳杵于腿上。着长筒战靴，两腿脚向里斜搭在地面。泥质红陶，施绿釉。

11．绿釉高足陶盘

该器呈浅盘高足式，撇口略卷，口沿饰一周浅弦纹，盘面有三个烧制支钉痕迹，下附高足，分层凹弧形，上细下粗递增。盘施绿釉，釉色深浅不均，足底内部不施釉。

12．紫砂刻经文钵

钵为敛口，滑肩，收腹，平底。紫砂器腹围刻满"般若波罗密多心经"，外表赭红色，胎质细腻，器表平整明润，近底部有一周暗痕，为制胎时上下对接胎留下的痕迹，钵内施白釉。